Inhalt

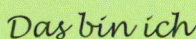

Das bin ich

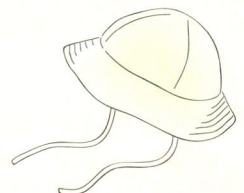

Willkommen, *Baby!*

Nach neun aufregenden Monaten ist Ihr Baby endlich da! Während Sie es in den Armen halten, werden Sie sicherlich kaum den Blick von diesem winzigen Bündel wenden können. Genießen Sie diese ersten kostbaren Momente, die den Beginn Ihres neuen gemeinsamen Lebens einläuten. Nehmen Sie in Ruhe jede Einzelheit auf, betrachten Sie die winzigen Fingernägelchen, die niedliche Stupsnase und die weiche Haut Ihres Babys. Wenn es Ihnen dann in die Augen blickt, wird Ihnen sicherlich das Herz aufgehen. Während der ersten Tage und Wochen, in denen Sie und Ihr Baby eine Bindung zueinander aufbauen, wechseln sich bei Ihnen vielleicht Gefühle höchsten Glücks und tiefster Erschöpfung ab. Gehen Sie es langsam an, lassen Sie Ihre Haushaltspflichten ruhen und genießen Sie einfach die ersten wertvollen Momente der Zweisamkeit mit Ihrem Baby.

Mein erstes Foto

Name ....

Geburtsdatum ....

Uhrzeit ....

Größe und Gewicht ....

Mama und Papa ....

....

Geschwister ....

Monat 1

1. MONAT
Meilensteine

• Ihr Baby wird von Tag zu Tag wacher und aufmerksamer.

• Es beginnt, Ihnen sein Gesicht zuzuwenden, und lernt in den nächsten Wochen, seinen Kopf zu heben.

• Vielleicht bildet es schon kurze Laute wie »uuh« und »aah«.

Gedanken und Gefühle ....

....

....

....

....

....

....

Wünsche ....

....

....

....

....

....

Was jetzt passiert

Grundausstattung

Obwohl Ihr Neugeborenes hilflos scheint, ist es mit primitiven Reflexen ausgestattet, die sein Überleben sichern sollen. Die meisten davon verschwinden innerhalb der ersten sechs Monate, etwa der Such- und der Saugreflex, durch die das Baby sich Ihrer Brustwarze zuwendet und daran saugt, wenn seine Wange berührt wird. Zudem verfügt es über den Moro- oder Klammerreflex, bei dem es seine Arme ausstreckt, wenn sein Kopf nicht gehalten wird. Der Greifreflex sorgt dafür, dass es alles umfasst, was seine Handfläche berührt.

Sinneseindrücke

Alle Sinnesorgane Ihres Babys sind nach der Geburt funktionsfähig. Schon im Mutterleib gewöhnt es sich an Ihre Stimme und Ihren Geruch. Dennoch kann ein Neugeborenes nur etwa 30 cm weit scharf sehen. Das entspricht der Entfernung zu Ihrem Gesicht, wenn Sie es im Arm halten. Bis zur sechsten Woche erhöht sich diese Distanz auf ungefähr 60 cm.

SO WACHSE ICH:

Datum ....

Ich wiege ....

Gewichtszunahme

Innerhalb der ersten Woche verlieren viele Babys etwas an Gewicht, sie nehmen jedoch normalerweise innerhalb von zwei Wochen wieder zu. Solange Ihr Baby gedeiht und eine gesunde Hautfarbe hat, besteht allerdings auch kein Grund zur Sorge, falls es langsamer zunimmt.

Ganz schön müde

Während der ersten Wochen schläft Ihr Baby noch bis zu 18 Stunden am Tag. Es wacht jedoch alle drei bis vier Stunden für eine Trinkpause auf – auch nachts. Ab dem dritten Monat braucht es immer noch ungefähr 15 Stunden Schlaf pro Tag.

Den Rhythmus finden

Gegen Ende des ersten Monats trinkt Ihr Baby seltener, da sein Magen wächst und es mehr Milch auf einmal zu sich nehmen kann. Sobald das Baby jedoch einen Wachstumsschub erlebt, steigt sein Appetit und es möchte fast ständig gestillt werden. Wenn sich sein Trinkrhythmus gefestigt hat, wird es wahrscheinlich bald richtig proper und gut genährt aussehen.

Monat 1

1. MONAT: *Was Sie beachten sollten*

• Säubern Sie den Nabelschnurstumpf mit einem feuchten Tuch und Babyseife und trocknen Sie ihn gut ab.

• Ihr Baby kann seine Körpertemperatur noch nicht selbst regulieren. Fühlen Sie, ob Hände, Füße und Wangen zu warm oder zu kalt sind.

Gedanken und Gefühle ....

....

....

....

....

....

Wünsche ....

....

....

....

....

Babypflege

Fingernägel

Die Fingernägel eines Babys sollten regelmäßig
geschnitten werden, da es sich leicht damit verletzen
kann. Benutzen Sie einen Nagelknipser für Babys
und lassen Sie sich von Ihrem Partner helfen oder
warten Sie, bis Ihr Kleines schläft. Zehennägel sollten
gerade und nicht zu kurz abgeschnitten werden.

Verklebte Augen

Viele Neugeborene bekommen nach der Geburt eine
leichte Bindehautentzündung. Sie macht sich durch
klebrigen Ausfluss bemerkbar, der die Augen im
Schlaf verkrusten lässt. Tupfen Sie ihn mit Watte und
abgekochtem, abgekühltem Wasser ab. Suchen Sie einen
Arzt auf, falls die Entzündung nicht abklingt.

Wahl der Windeln

Viele Eltern verwenden am Anfang Wegwerfwindeln
und steigen später auf Mehrwegwindeln um. Sie
können auch je nach Situation abwechseln.

Ich mit 1 Monat

....

....

....

Bauchweh

Koliken werden oft durch Blähungen verursacht
und sind häufig der Grund, warum Ihr Baby ständig
weint und die Knie anzieht. Solange Sie stillen,
kann es helfen, wenn Sie Milchprodukte, Zwiebeln,
Brokkoli, Kohl und Bohnen meiden. Es gibt auch
spezielle Flaschennahrung für Babys mit Koliken.
Warme Bäder oder eine sanfte Bauchmassage können lindernd wirken. Oder legen Sie Ihr Baby mit
dem Gesicht nach unten auf Ihren Arm und wiegen
Sie es leicht. Glücklicherweise verschwinden Koliken
meist nach drei Monaten.

Jetzt sind Sie
Eltern!

Nach der Geburt erleben Sie vermutlich ein Durcheinander aus Glück,
Tränen und Erschöpfung. Vielleicht werden Sie von der Liebe zu
Ihrem Baby überwältigt oder spüren einen starken Beschützerinstinkt.
Dieser Emotionen-Mix ist am Beginn Ihres Elternseins völlig normal.

Erste Momente

Sobald Hebamme und Arzt sich vergewissert haben, dass es Ihnen und dem Neugeborenen nach der Geburt gut geht, sind Sie zum ersten Mal allein mit Ihrem Baby und können in Ruhe die Zweisamkeit genießen.

Bande knüpfen

Es gibt keine Anleitung für die Bindung zu Ihrem Baby. Einige Mütter spüren sofort eine innige Verbundenheit, andere fühlen zunächst lediglich einen starken Beschützerinstinkt gegenüber dem Neugeborenen. Was auch immer Sie jetzt empfinden: Das Band zu Ihrem Baby entwickelt sich mit der Zeit, während Ihre Beziehung immer intensiver wird

und in Ihnen den Wunsch entstehen lässt, es zu ernähren und zu umsorgen.

Erstes Stillen

Sich um ein Neugeborenes kümmern zu müssen kann zunächst Angst machen, wird sich aber bald ganz selbstverständlich anfühlen. Halten Sie Ihr Baby sanft und stützen Sie seinen Kopf. In jedem Fall sollten Sie es gleich nach der Geburt stillen, sodass es die nährstoff- und antikörperreiche Erstmilch

(Kolostrum) erhält. Ihre Hebamme zeigt Ihnen, wie Sie Ihr Neugeborenes richtig anlegen, sodass es Brustwarze und Warzenhof in den Mund nimmt.

Eltern sein

Manche frischgebackenen Eltern schlüpfen scheinbar problemlos in ihre neue Rolle, doch ist es genauso normal, wenn Sie einige Wochen oder länger benötigen, um sich an die neue Situation zu gewöhnen. Lassen Sie sich nicht von der Aussicht entmutigen, dass Ihr Neugeborenes von nun an rund um die Uhr Ihre Aufmerksamkeit braucht. Sie werden schnell lernen, sein Schreien richtig zu deuten, und die Babypflege wird zur Selbstverständlichkeit.

DIE ERSTE *Untersuchung*

● *Direkt nach der Geburt* prüfen Hebamme und Arzt Puls, Atmung, Hautfarbe, Beweglichkeit und Aufmerksamkeit des Babys nach dem sogenannten Apgar-Schema. So werden eventuelle Probleme sofort erkannt.

● *Zwischen dem* 3. und 10. Tag wird Ihr Baby von Kopf bis Fuß durchgecheckt, um möglicherweise vorhandene weitere Beeinträchtigungen zu erkennen, die einer Behandlung bedürfen. Dabei werden Herz-

und Lungengeräusche abgehört und die Wirbelsäule untersucht. Die Stabilität des Beckens sowie die Funktion der Hüftgelenke werden getestet. Es wird ein Blick auf den Gaumen und die Fontanellen geworfen, die weichen Spalten am Schädel Ihres Babys. Zudem wird der Kopfumfang gemessen und vielleicht ein Hörtest durchgeführt. Hände und Füße werden noch einmal genau angeschaut. Falls Sie einen Jungen haben, wird geprüft, ob die Hoden bereits in die Hodensäcke gewandert sind.

Monat 1

1. MONAT
Einfache Spiele

• Nehmen Sie Ihr Baby mit nach draußen und zeigen Sie ihm Blätter, Blumen und den Himmel.

• Imitieren Sie sich gegenseitig: Strecken Sie dem Baby die Zunge heraus und wackeln Sie damit. Ihr Baby wird versuchen, dies nachzuahmen.

Gedanken und Gefühle ....

....

....

....

....

....

....

Wünsche...

....

....

....

....

Zeit für mein Baby

es lernt durch Beobachten und Nachahmen. Überfordern Sie Ihr Baby aber nicht – seine Aufmerksamkeitsspanne verlängert sich erst nach und nach.

Nach draußen gehen

Sobald Sie sich von der Geburt erholt haben, profitieren Sie und Ihr Baby von Aktivitäten im Freien. Im Tragetuch oder Kinderwagen können Sie Ihr Baby zum Einkaufen oder in den Park mitnehmen. Achten Sie darauf, dass es satt und dem Wetter entsprechend angezogen ist, und schützen Sie es vor direkter Sonne. Die frische Luft wird Sie beide munter machen und das Sonnenlicht fördert die Bildung von Vitamin D.

Körperkontakt

Ihr Baby sehnt sich nach Ihrer liebevollen Berührung. Es ist erwiesen, dass ein enger Hautkontakt Neugeborene beruhigt und ihr Infektionsrisiko mindert. Außerdem stärkt er die gegenseitige Bindung.

Auge in Auge

Das Sehvermögen ist bei einem Neugeborenen noch begrenzt, aber wenn Sie es im Arm halten, wird es oftmals still und studiert aufmerksam Ihr Gesicht. Erwidern Sie seinen Blick – so fühlt es sich ermutigt und spürt Ihre Liebe.

Gewagte Muster

Das Farbensehen Ihres Babys entwickelt sich erst mit der Zeit. Deshalb wecken Sie in den ersten Wochen vor allem mit kontrastreichen Mustern seine Aufmerksamkeit. Klare schwarze Formen, mit Filzstift auf weiße Karten gezeichnet und an Schnüren aufgehängt, ergeben ein tolles Mobile.

Austausch

Stimmen, Lachen, Gesichtsausdrücke und Augenkontakt lassen Ihr Baby aufmerksam werden, denn

MEINE SPIELE

Das Baby benutzt seine Sinne zum Austausch mit Ihnen: Es liebt Hautkontakt. Es lernt, dass es durch Laute kommunizieren kann. Es beobachtet Sie beim Sprechen und bildet Laute als Antwort.

....

....

....

....

....

Monat 2

2. MONAT
Meilensteine

• Ihr Baby kann in der Bauchlage kurze Zeit den Kopf heben.

• Seine Hände sind meistens zu Fäusten geballt, aber es wird bald anfangen, sie zu öffnen.

• Mit etwa sechs Wochen lächelt es zum ersten Mal!

Gedanken und Gefühle ....

....

....

....

....

....

....

Wünsche ....

....

....

....

....

....

Was jetzt passiert

Zuhören

Ihr Baby nimmt immer mehr Geräusche wahr, kann sie besser orten und wendet sich deren Quelle zu. Bei vertrauten Lauten wie Ihrer Stimme verändert sich sein Gesichtsausdruck und es antwortet mit einem Gurgeln oder Gurren.

Schnelles Wachstum

Um die sechste Woche erlebt Ihr Baby einen weiteren Wachstumsschub. Damit braucht es auch mehr Nahrung und Schlaf. Machen Sie sich keine Sorgen um die Milchproduktion: Solange Sie stillen, passt Ihr Körper die Milchbildung genau an die Bedürfnisse Ihres Babys an. Je weiter es die Brust bei einer Stillmahlzeit leer trinkt, desto besser, denn dann erhält es mehr von der fett- und kalorienreichen Hintermilch. Bei Flaschenfütterung sollten Sie

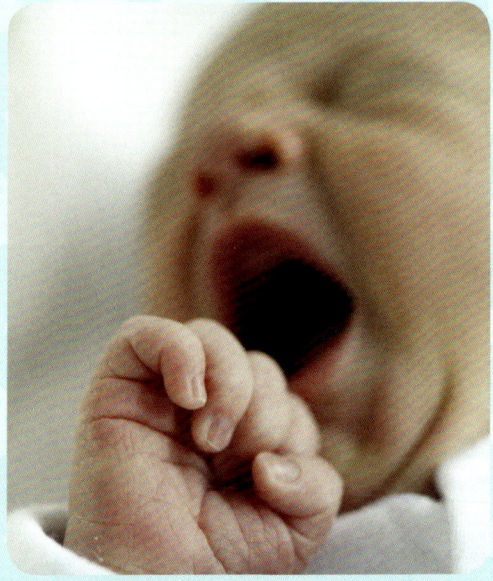

SO WACHSE ICH:

Datum ....

Gewicht ....

mit dem Kinderarzt oder der Hebamme darüber sprechen, ob die Milchmenge angepasst werden muss.

Alles in Farbe

Nach sechs Wochen hat sich das Sehvermögen des Babys erheblich verbessert, denn sein Gehirn entwickelt sich rasant weiter. Mittlerweile kann es bis in 60 cm Entfernung scharf sehen, bewegte Objekte im Blick behalten und langsam die Farben Rot, Grün, Gelb und schließlich auch Blau unterscheiden. Es erkennt Gesichter wieder und freut sich, wenn es Ihren vertrauten Anblick genießen darf.

Strampeln und strecken

Da das Baby die Objekte in seiner Umgebung nun besser wahrnimmt, versucht es auch manchmal, sie zu erreichen, indem es seine Arme danach ausstreckt. Seine Koordinationsfähigkeit ist jedoch noch sehr gering entwickelt und es kann seine Hände auch noch nicht zum Greifen benutzen. Vor allem in der Rückenlage kann es jetzt schon heftig strampeln und kräftig mit den Füßen treten. Geben Sie also acht beim Wickeln!

Monat 2

2. MONAT: *Was Sie beachten sollten*

• Lassen Sie Ihr Baby jetzt gegen Keuchhusten, Polio, Diphtherie und andere Krankheiten impfen.

• Seine dritte Vorsorgeuntersuchung ist ebenfalls an der Reihe. Der Arzt prüft Reflexe und Wachstum, Augen, Hüfte, Rückgrat und Herz.

Gedanken und Gefühle ....

....

....

....

....

....

....

Wünsche ....

....

....

....

....

....

....

Babypflege

Schlafenszeit

Nach etwa sechs Wochen hat sich Ihr Baby an einen Tag-Nacht-Rhythmus gewöhnt und schläft nun auch längere Zeit am Stück. Jetzt können Sie beginnen, ein Einschlafritual zu zelebrieren. Vermeiden Sie zur Schlafenszeit besonders aufregende Aktivitäten und finden Sie heraus, welche Dinge Ihr Baby beruhigen. Traute Zweisamkeit, ein kurzes Bad, Ihre Brust oder ein leises Schlaflied vermitteln ihm ein Gefühl von Geborgenheit und Sicherheit. Die tägliche Wiederholung sorgt dafür, dass Ihr Kind diese positiven Gefühle mit der Gemütlichkeit des Betts und dem Einschlafen in Verbindung bringt, sodass es allmählich am Abend leichter zur Ruhe kommt.

Schnullerglück

Gelegentlich den Schnuller zu geben schadet nicht – er kann bei unruhigen Babys wahre Wunder bewirken. Stillen Sie Ihr Kleines jedoch, bevor Sie ihm den Schnuller überlassen, sonst trinkt es vielleicht nicht genug, weil sein Saugbedürfnis schon erfüllt ist.

Ich mit 2 Monaten

....

....

....

Sicheres Heim

Sobald Ihr Baby mobiler wird, sollten Sie unbedingt darauf achten, dass seine Umgebung frei von Gefahrenquellen wie Elektrokabeln oder Vorhangschnüren ist. Lassen Sie es am besten nicht aus den Augen, solange es sich nicht auf sicherem, festem Untergrund (am besten in Bodenhöhe) befindet.

Liebevoll
massieren

Eine sanfte Babymassage hat viele Vorzüge für Ihr Baby und wirkt auch auf Sie selbst entspannend. Sie können die Massage als anregende Tagesaktivität oder als beruhigenden Teil des Einschlafrituals in den Alltag einflechten.

Wie wirkt Massage?

Körperkontakt tut Ihrem Baby in vielen Situationen gut. Gezielte Berührungen wirken der Ausschüttung von Stresshormonen entgegen, fördern den erholsamen Schlaf und helfen so, Ihr Baby über das Unbehagen etwa bei Blähungen und beim Zahnen hinwegzutrösten. Sogar das kindliche Wachstum kann auf diese Weise angeregt werden. Wenn Sie Ihr Baby massieren, trägt das bei Ihnen ebenso zur Entspannung und zum Stressabbau bei. Weil Massage zudem die emotionale Bindung zu Ihrem Kind stärkt, kann sie sogar postnatale Depressionen lindern, wie Studien ergeben haben.

Massagetechniken

Sie können einen Kurs zur Babymassage besuchen, der zusätzlich einen guten Rahmen bietet, um andere Mütter kennenzulernen. Oder Sie finden selbst heraus, welche Art von Massage Ihrem Baby gefällt.

Beginnen Sie zum Beispiel mit seinen Beinen. Mit etwas Babyöl auf Ihren Handflächen umfassen Sie behutsam ein Bein. Streichen Sie sanft am Bein entlang nach unten, ebenso am anderen. Nehmen Sie dann eines der Füßchen in die Hand und reiben Sie leicht über die Sohle von der Ferse zu den Zehen. Beschreiben Sie mit dem Daumen kleine Kreise auf der Sohle und ziehen Sie vorsichtig an den Zehen. Probieren Sie die gleichen Berührungen an Armen und Händen.

Danach streichen Sie mit Ihrer Handfläche kreisförmig über den Bauch des Kindes. Etwas ältere Babys genießen es auch, wenn man in Bauchlage ihren Rücken streichelt oder sanft über ihr Gesicht streicht. Sparen Sie aber unbedingt die weichen Fontanellen am Schädel aus.

WORAUF SIE *achten sollten*

● **Das Baby sollte satt sein** und sich wohlfühlen. Lassen Sie sich von seinen Reaktionen leiten. Setzen Sie die Massage fort, solange es entspannt wirkt, und hören Sie auf, wenn es zu quengeln beginnt.

● **Der Raum** für die Massage sollte kuschelig warm und frei von Zugluft sein.

● **Legen Sie** Ihr Baby zum Massieren auf eine weiche, gemütliche Unterlage.

● **Auch für Sie selbst** ist eine bequeme Körperhaltung wichtig. Wenn Sie bei der Massage angespannt sind, spürt Ihr Baby dies und kann sie ebenfalls nicht genießen.

● **Kitzeln Sie** das Baby möglichst nicht. Wenn Ihre Berührungen zu leicht sind, wird ihm die Massage eher unangenehm sein.

● **Drücken Sie** mit Ihren Händen nicht zu fest auf.

Monat 2

2. MONAT
Einfache Spiele

• Hängen Sie ein buntes Mobile über das Bett des Babys, das ihm hilft, seinen Blick zu fokussieren.

• Macht das Baby »oh« oder »ah«, wiederholen Sie seine Laute. So zeigen Sie ihm, dass Ihnen der Austausch gefällt.

Gedanken und Gefühle

Wünsche

Zeit für mein Baby

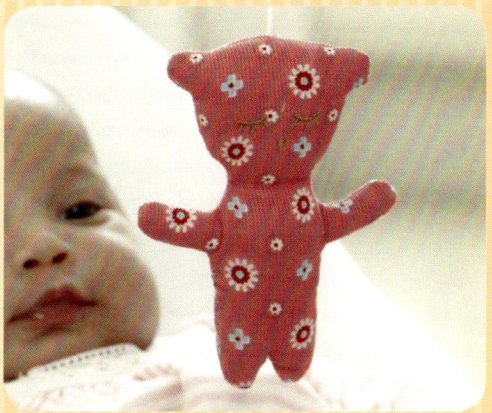

Gurgeln und gurren

Sprechen Sie viel mit Ihrem Baby und wiederholen Sie Wörter häufig, damit es ein Sprachverständnis entwickeln kann. Setzen Sie dazu ruhig eine hohe Singsangstimme ein, wie es Eltern meist automatisch tun. Babys reagieren darauf sehr gut.

Spaß beim Baden

Baden wird lustiger, wenn Sie dabei spielen: Halten Sie das Baby mit einer Hand fest und drücken Sie mit der anderen einen Schwamm auf seinen Beinen aus oder gießen Sie Wasser über seinen Bauch.

Da bewegt sich was!

Fördern Sie die Fähigkeit Ihres Babys, etwas mit den Augen zu verfolgen, indem Sie Dinge, vorzugsweise in leuchtenden Farben, langsam vor ihm hin und her bewegen (aber nicht auf und ab). Mit der Zeit wird seine Aufmerksamkeitsspanne größer und es kann Dinge länger im Blick behalten.

Worte und Taten

Ihre Stimme und die Ihres Partners zählen zu den Lieblingsgeräuschen des Babys. Sprechen und singen Sie mit ihm, damit es sich geborgen fühlt. Legen Sie sich ein Repertoire an lustigen Kinderreimen zu, die mit Handlungen verbunden sind, wie »Geht ein Mann die Treppe hoch« oder »Zehn kleine Zappelmänner«.

Klanggenuss

Spielen Sie Ihrem Kind verschiedene Arten von Musik vor. Leise klassische Musik oder eine sanfte Melodie wirkt beruhigend, lebhafte Rhythmen dagegen anregend. Erklären Sie ihm Geräusche, sodass es allmählich deren Bedeutung erfasst.

MEINE SPIELE

Ihr Baby liebt es, von Ihnen unterhalten zu werden, und freut sich über neue Aktivitäten. Gönnen Sie ihm auch ruhigere Phasen – etwa zehn Minuten unter dem Babytrapez –, während Sie in der Nähe sind, aber nicht mit ihm sprechen.

....

....

....

....

....

Monat 3

3. MONAT
Meilensteine

• Ihr Baby entdeckt seine Hände. Es betrachtet sie und streckt sie aus. Dies ist der Beginn der Hand-Augen-Koordination.

• Der Greifreflex ist noch vorhanden, daher hält es alles fest, was man ihm in die Hand gibt.

Gedanken und Gefühle ....

....

....

....

....

....

....

Wünsche ....

....

....

....

....

Was jetzt passiert

Fester Schlaf

Je größer die Abstände zwischen zwei Mahlzeiten werden, desto länger schläft das Baby in der Nacht am Stück. Achten Sie darauf, dass die Raumtemperatur stimmt, damit es zwischendurch nicht unnötig aufwacht. Der Schlafraum sollte keinesfalls zu warm, sondern eher kühl sein. Notfalls können Sie dem Baby noch eine Decke auflegen. Im Sommer genügen dem Baby zum Schlafen eine Windel, ein Body und eine dünne Decke. Mit zunehmender Mobilität wird es nachts seine Decke wegstrampeln, deshalb sollten Sie sie gut unter der Matratze feststecken oder gleich einen Schlafsack nehmen.

Rund und gesund

Das Baby nimmt derzeit pro Woche etwa 150–200 g zu. Es wird bald aus seinem Babykorb herausgewachsen sein und kann dann in ein Kinderbett umziehen, in dem es auch die nächsten Jahre

SO WACHSE ICH:

Datum ....

Gewicht ....

schlafen wird. Schlaf ist wichtig für sein Wachstum: Forscher nehmen an, dass während des Schlafs die meisten Wachstumshormone ausgeschüttet werden.

Geselliges Wesen

Eine der Lieblingsbeschäftigungen Ihres Babys ist der Austausch mit Ihnen. Indem Sie seinem Gurgeln zuhören und ihm antworten, bringen Sie ihm die wechselseitige Kommunikation bei. Als Antwort auf Ihr Lachen und Ihre Stimme wird es jetzt häufiger lächeln. Auch mit anderen Erwachsenen kann es nun Kontakt aufnehmen und ihnen ein Lächeln schenken. Halten Sie viel Augenkontakt zu ihm, wenn Sie miteinander sprechen und spielen, und spiegeln Sie seine Grimassen.

Ohne Hilfe!

Die Hals- und Körpermuskeln Ihres Babys werden immer kräftiger. Wenn es auf dem Bauch liegt, kann es sich jetzt schon etwas länger hochstemmen und den Kopf heben. Vielleicht hält es den Kopf auch schon für kurze Zeit allein, wenn Sie es aufrecht an Ihrer Schulter tragen, und es dreht ihn immer öfter von einer Seite zur anderen.

Monat 3

3. MONAT: *Was Sie beachten sollten*

• Beugen Sie einem wunden Babypo mit Zink- oder Windelsalbe vor.

• Neben dem Zubehör für die Flaschenfütterung sollten Sie auch andere Dinge sterilisieren, die Ihr Baby in den Mund nimmt, wie zum Beispiel Beißringe.

Gedanken und Gefühle ....

....

....

....

....

....

....

Wünsche ....

....

....

....

....

....

Babypflege

Still halten

Wenn das Baby quirliger wird, kann das Wickeln
oder Füttern zu einer echten Herausforderung
werden. Gehen Sie zum Füttern an einen ruhigen
Ort, wo es möglichst wenig abgelenkt wird. Achten
Sie beim Windelwechsel darauf, dass es nicht vom
Wickeltisch fallen kann, und lenken Sie seine Aufmerksamkeit durch Reden oder Singen auf sich.

Die Abwehr stärken

Der Vorrat an Antikörpern, den das Baby von Ihnen
kurz vor der Geburt erhalten hat, geht langsam zu
Ende und es wird anfälliger für Infektionen. Mut-
termilch bietet einen guten Schutz, denn sie enthält
Antikörper und weiße Blutkörperchen. Auch das
Immunsystem Ihres Babys entwickelt sich jetzt, doch
es ist noch schwach, deshalb sollten Sie derzeit keinen Besuch mit Erkältung oder anderen möglicherweise ansteckenden Krankheiten empfangen. Alle
anderen Gäste sollten ihre Hände waschen.

Ich mit 3 Monaten

....

....

....

Schorfige Haut

Babys entwickeln an der Kopfhaut oft eine Art
Grind, den Milchschorf. Er ist harmlos, kann aber
jucken. Tragen Sie über Nacht Olivenöl auf und spülen Sie es morgens ab. Lockern Sie den Schorf mit
einer weichen Bürste, aber kratzen Sie ihn nicht ab.

Haustiere

Haustiere sollten nie mit dem Baby allein bleiben.
Lassen Sie sie nicht ins Schlafzimmer des Babys
und waschen Sie sich nach dem Umgang mit Tieren
die Hände.

Schreien und
trösten

Alle Babys schreien, denn das ist ihre Art zu kommunizieren. Kleine Babys schreien insgesamt etwa eine bis drei Stunden pro Tag. Ihre Aufgabe ist herauszufinden, was Ihr Baby will, und es zu trösten. Keine Sorge, Sie werden schnell lernen, sein Schreien richtig zu deuten.

Warum schreit das Baby?

Die Hauptgründe, warum Babys schreien, sind Hunger oder Durst. Sie werden bald erkennen, wann Ihr Baby Hunger hat, und automatisch darauf reagieren. Erlebt es einen Wachstumsschub, verlangt es öfter als sonst nach einer Mahlzeit. Füttern Sie es nach Bedarf, dann wird Ihr Körper immer die richtige Menge an Milch parat haben.

Ruhezeiten

Ihr Baby braucht nicht nur Anregung, sondern auch Phasen der Ruhe, damit es nicht von Reizen überflutet wird. Wenn es schreit, weil es müde und überreizt ist, trösten Sie Ihr

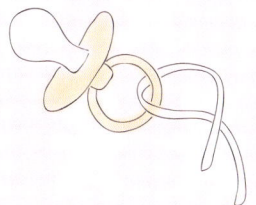

Kind und legen Sie es sanft in sein Bettchen.

Wohlfühlen

Vielleicht schreit Ihr Baby, weil es nasse oder volle Windeln hat. Ein geröteter oder wunder Po kann sehr unangenehm sein. Wechseln Sie deshalb seine Windeln häufig und benutzen Sie eine Windelsalbe zum Schutz seiner zarten Haut.

Ist dem Baby zu warm oder zu kalt, sagt es Ihnen durch

sein Schreien, dass etwas nicht stimmt. Kleine Babys können ihre Körpertemperatur noch nicht regulieren.

Manchmal schreit Ihr Baby auch aus Einsamkeit. Es ist gern nah bei Ihnen, denn dann fühlt es sich sicher und beschützt. Eine liebevolle Umarmung kann in diesem Fall helfen.

Ist mein Baby krank?

Schreit Ihr Baby, weil es sich krank fühlt, messen Sie Fieber und bringen Sie es zum Arzt, wenn Sie nicht sicher sind, was ihm fehlt. Kranke Babys sind mitunter ungewöhnlich still. Auch dann sollten Sie umgehend einen Arzt aufsuchen.

DAS BABY *beruhigen*

● **Bewegung** besänftigt das Baby, denn das erinnert es an die Zeit in Ihrem Bauch. Tragen Sie es auf dem Arm umher, wiegen Sie es leicht oder setzen Sie sich mit ihm in einen Schaukelstuhl. Sie können es auch während der Hausarbeit in einem Tuch bei sich tragen oder mit ihm im Buggy einen Spaziergang machen.

● **Sprechen Sie** leise und ruhig mit ihm. Ein sanftes »Schsch« kann bei einem missgelaunten Baby Wunder wirken.

● **Eine eingeschaltete** Waschmaschine oder ein Staubsauger stören das Baby nicht. Das gleichmäßige Geräusch klingt ähnlich wie das Rauschen im Mutterleib und beruhigt das Baby.

● **Versuchen Sie** es mit einer leichten Babymassage. Streichen Sie sanft über Kopf und Arme des Babys und beobachten Sie, ob es sich entspannt. Ist es sehr überreizt, regt eine Massage es vielleicht noch mehr auf. Achten Sie deshalb genau auf seine Reaktion.

Monat 3

3. MONAT
Einfache Spiele

• Halten Sie dem Baby ein Spielzeug hin, sodass es versuchen kann, danach zu greifen.

• Betrachten Sie gemeinsam Bilderbücher und erzählen Sie dabei eine Geschichte. Deuten Sie auf Dinge im Buch und nennen Sie deren Namen.

Gedanken und Gefühle ....

....

....

....

....

....

....

Wünsche ....

....

....

....

....

....

Zeit für mein Baby

Bücher

Es ist nie zu früh, dem Baby Bücher und Geschichten nahezubringen. Am besten eignet sich ein Stoffbuch mit verschiedenen Strukturen und in bunten Farben. Berühren Sie selbst die Oberflächen und fordern Sie es auf, es Ihnen nachzumachen.

Familienausflug

Unternehmen Sie mit dem Baby einen Ausflug aufs Land. Sprechen Sie über neue Geräusche, Anblicke und Gerüche. Bei schönem Wetter legen Sie sich mit ihm auf eine Decke und betrachten die Bäume.

Rasseln

Ihr Baby ist fasziniert von seiner Umwelt. Eine bunte, laute Rassel wird ihm sicher gefallen. Da es auch seine Hände toll findet, wird es von einem Rasselband an seinem Handgelenk noch begeisterter sein.

Tanzen

Babys lieben Bewegung. Schalten Sie das Radio ein, nehmen Sie Ihr Baby auf den Arm und wagen Sie ein kleines Tänzchen im Rhythmus der Musik.

Bauchlage

Mehrmals täglich eine Minute in Bauchlage stärkt die Muskeln Ihres Babys. Um es ihm angenehmer zu machen, legen Sie sich das Baby auf den Bauch und erzählen Sie ihm etwas.

Erst schlagen, dann greifen

Die Hand-Augen-Koordination Ihres Kleinen wird immer besser. Wenn es unter seinem Babytrapez liegt, schlägt es schon viel zielgenauer nach den herabhängenden Spielzeugen.

MEINE SPIELE

Im Gehirn Ihres Babys entstehen ständig neue Verbindungen. Deshalb handelt es immer gezielter, denn es fängt an zu verstehen, wie es bestimmte Dinge geschehen lassen kann.

....

....

....

....

....

Monat 4

4. MONAT
Meilensteine

• In aufrechter Haltung können die Beine des Babys schon einen Teil seines Gewichts tragen.

• Es dreht sich manchmal allein vom Bauch auf den Rücken.

• Es kann Dinge festhalten und die Hände zusammenführen.

Gedanken und Gefühle ....

....

....

....

....

....

....

Wünsche ....

....

....

....

....

Was jetzt passiert

Sinnliche Erfahrungen

Die Sinne Ihres Babys entwickeln sich immer weiter. Es beginnt, bewegten Objekten und Personen mit den Augen zu folgen, und lernt, Entfernungen einzuschätzen. Manchmal erkennt es schon Dinge am anderen Ende eines Raums. Trotzdem gefällt es ihm immer noch am besten, Ihr Gesicht aus der Nähe zu sehen. Die Schläfenlappen seines Gehirns, wo sich Geruchs- und Hörzentren befinden, sind nun sehr aktiv. So kann es Sprache immer besser verarbeiten. Halten Sie Blickkontakt, wenn Sie mit Ihrem Baby reden, und hören Sie, wie es antwortet. Sein Tastsinn verbessert sich und es ist neugierig, wie sich verschiedene Oberflächen anfühlen.

Kraftpaket

Mit seiner besseren Koordination und Muskelkraft tritt Ihr Baby vermehrt um sich. Dies stärkt seine Beinmuskulatur für Aufgaben wie Umdrehen, Krabbeln und schließlich Aufstehen. Auf dem Bauch zu liegen stärkt nicht nur den Oberkörper Ihres Babys: Mit der Zeit beginnt es auch, die Knie

SO WACHSE ICH:

Datum ....

Gewicht ....

---

anzuziehen. In Rückenlage strampelt Ihr Baby jetzt viel mehr, wenn es aufgeregt oder missmutig ist. Dadurch, dass es einfach nicht mehr still halten will, werden ehemals einfache Aufgaben wie das Wickeln zur Herausforderung.

Soziale Kontakte

Während Ihr Baby Sie von Geburt an am Geruch und Ihrer Stimme erkennt, ist ihm nun auch das Aussehen seiner anderen engsten Bezugspersonen vertraut. Wenn Sie oder Ihr Partner den Raum betreten, rudert es vielleicht aufgeregt mit den Armen und strampelt vor Vergnügen. Mit Ihnen beiden ist Ihr Baby zwar am liebsten zusammen, doch es tut seiner sozialen Entwicklung gut, wenn es Sie auch im Umgang mit anderen Menschen erlebt.

Tagesstruktur

Der Magen Ihres Babys wird größer. Es kann jetzt mehr auf einmal trinken und dadurch länger am Stück schlafen – damit werden die Nächte auch für Sie ruhiger. Die Tage werden ebenfalls strukturierter, da es nun zu regelmäßigeren Zeiten Hunger hat und den größeren Teil des Tages wach ist. So wird es viel einfacher, etwas mit ihm zu unternehmen.

Mein erster *Zahn!*

Mit vier bis sieben Monaten bekommt Ihr Baby die ersten Zähne. Meist bricht zuerst einer der beiden unteren Schneidezähne durch. Die Zähne Ihres Babys sind wichtig zum Kauen und für die Sprachentwicklung, deshalb müssen sie von Beginn an gepflegt werden.

Anfangs ist dafür keine Zahnpasta nötig. Säubern Sie die Zähnchen morgens und abends mit einem sauberen, feuchten Mulltuch oder einer weichen Baby-Zahnbürste und Wasser.

Sobald mehrere Zähne sichtbar sind, benutzen Sie ein wenig Baby-Zahnpasta mit geringem Fluorgehalt. Putzen Sie etwa eine halbe Stunde nach dem Füttern mit einer sanften kreisförmigen Bewegung, um auch das Zahnfleisch zu säubern. Normalerweise gibt es in den ersten zwölf Monaten keinen Grund, zum Zahnarzt zu gehen.

Lassen Sie Ihr Baby aber nicht mit der Flasche einschlafen, da sowohl Mutter- als auch Flaschenmilch Zucker enthalten, der nicht über Nacht auf den Zähnen bleiben sollte.

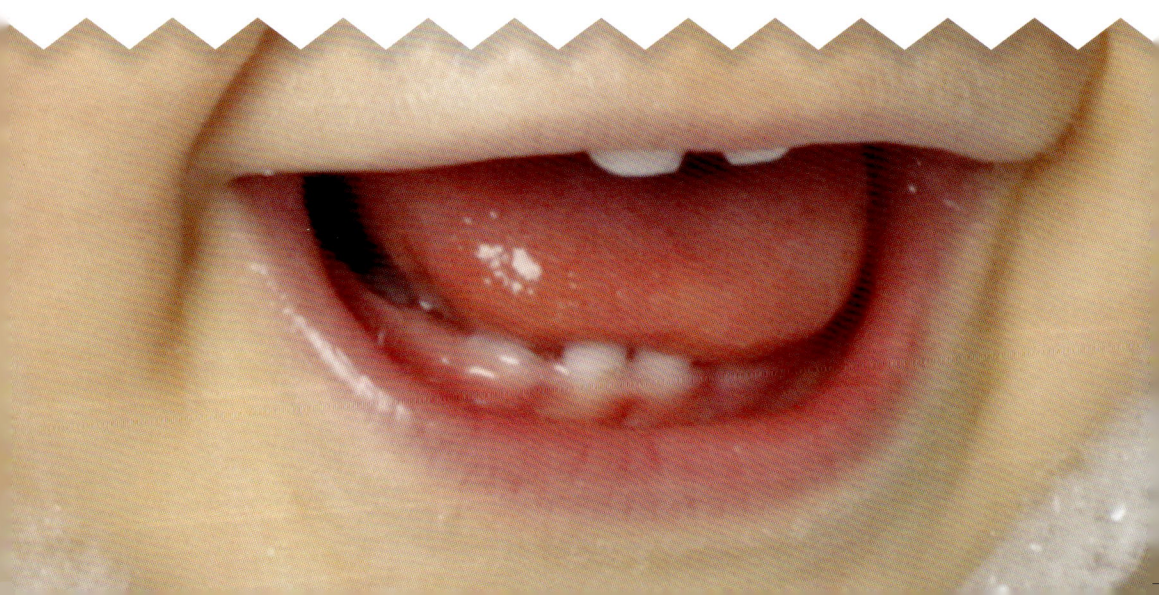

Mein erster Zahn

Weitere Zähne ....

....

....

....

....

....

Monat 4

4. MONAT: *Was Sie beachten sollten*

• Ihr Baby schläft jetzt insgesamt etwa 15 Stunden, davon zehn in der Nacht und fünf am Tag.

• Nach dem Wachstumsschub mit drei Monaten hat sich Ihre Milchbildung an den neuen Bedarf angepasst.

Gedanken und Gefühle ....

....

....

....

....

....

....

Wünsche ....

....

....

....

....

Babypflege

Sicher in der Sonne

Für gesunde Zähne und Knochen braucht Ihr Baby
Vitamin D, dessen Bildung durch Sonnenlicht geför-
dert wird. Aber seine Haut verbrennt leicht, deshalb
müssen Sie es vor allem zwischen 10 und 15 Uhr vor
direkter Sonne schützen. Benutzen Sie eine Son-
nencreme mit Schutzfaktor 30 bis 50, der UVA- und
UVB-Strahlen abhält. Auch im Schatten sollte es einen
Sonnenhut und entsprechende Kleidung tragen. Um
einem Vitamin-D-Mangel vorzubeugen, genügt es,
wenn es sich täglich zehn Minuten ohne Sonnenschirm im Schatten aufhält.

Schmerzendes Zahnfleisch?

Für einige Babys ist das Durchbrechen der Zähne
unangenehmer als für andere. Vermutlich wird Ihr
Baby nachts aufwachen, seine Wangen sind gerötet,
es ist missmutig und quengelig. Dann hilft oft ein
gekühlter Beißring. Auch ein warmes Bad vor dem
Schlafengehen und eine leichte Massage des Zahn-
fleisches können ihm guttun. Falls Ihr Baby sehr
leidet, gibt es schmerzstillendes Zahnungsgel, das
auf das Zahnfleisch aufgetragen wird. Halten Sie
sich dabei an die Anweisungen des Herstellers.

Ich mit 4 Monaten

....

....

....

Liebende Großeltern

Falls Ihre Eltern oder Schwiegereltern in der Nähe
wohnen und dazu bereit sind, wäre jetzt ein guter
Zeitpunkt, das Baby zum ersten Mal für einige
Stunden in deren Obhut zu geben. So geben Sie
ihnen die Gelegenheit, eine engere Beziehung zu
ihrem Enkelkind aufzubauen, die das Leben Ihres
Kindes enorm bereichern kann. Außerdem haben
Sie dann auch einmal etwas Zeit für sich selbst,
die Sie allein, mit dem Partner oder mit Freunden
verbringen können.

Ruhiger
Schlaf

In Ratgebern findet man oft widersprüchliche Ansichten, wo, wie und wann man Babys ins Bett bringen soll. Kümmern Sie sich nicht darum. Mit der Zeit werden Sie und Ihr Baby ganz eigene Gewohnheiten und Rituale entwickeln.

Schlafenszeiten

Ein Neugeborenes braucht täglich bis zu 18 Stunden Schlaf, mit drei Monaten sind es bereits drei Stunden weniger. Je größer sein Magen wird und je mehr es auf einmal trinken kann, desto länger schläft es am Stück.

Wenn Ihr Baby nachts aufwacht, kümmern Sie sich schnell und leise um seine Bedürfnisse, damit es gleich wieder einschläft. Normale Hintergrundgeräusche und Tätigkeiten im Umfeld stören in diesem Alter nicht den Schlaf des Babys.

Einschlafrituale

Besondere Rituale am Abend signalisieren Ihrem Baby, dass es Zeit ist, ins Bett zu gehen. Nach etwa sechs Wochen können Sie damit beginnen, solche

Abläufe zu etablieren. Mit der Zeit gewöhnt es sich daran, ein abendliches Bad zu nehmen, und freut sich auf die Gute-nachtgeschichte. Schaffen Sie abends eine ruhige, gemütliche Atmosphäre. So können Sie sich gemeinsam mit Ihrem Baby etwas entspannen und die Zweisamkeit genießen.

Sicheres Schlafen

Ihr Baby braucht einen behaglichen und sicheren Schlafplatz. Die Gefahr eines plötzlichen Kindstods ist zwar gering, doch bestimmte Maßnahmen können das Risiko noch weiter senken. So sollte das Babybett in den ersten sechs Monaten in Ihrem Schlafzimmer stehen. Legen Sie Ihr Baby immer auf den Rücken nahe ans Fußende, damit es nicht unter die Decke rutschen kann. Geben Sie ihm im ersten Jahr keine dicken Decken und kein Kissen, legen Sie niemals Wärmflaschen oder Heizdecken zu ihm. Schlafen Sie nicht mit dem Baby auf dem Arm auf dem Sofa ein, rauchen Sie nicht und lassen Sie auch in der Umgebung Ihres Babys niemanden rauchen. Haben Sie oder Ihr Partner Alkohol getrunken oder sind sehr erschöpft, sollte das Baby nicht mit in Ihrem Bett liegen. Auch Stillen senkt das Risiko.

BABYS *Bettchen*

- *Das Kinderbett,* das Ihr Kleines nach dem Babykorb bekommt, können Sie auch gebraucht kaufen. Legen Sie dann eine neue Matratze hinein.

- *Eine wasserdichte Schlafunterlage* schützt die Matratze, falls einmal seine Windel ausläuft.

- *Zwei bis drei* passende Bettlaken.

- *Zwei bis drei* dünne Baumwolldecken.

- *Zwei bis drei* wärmere Decken. Sie lassen sich mit den dünneren Decken kombinieren, sodass es dem Baby nicht zu warm oder zu kalt wird.

- *Ein Schlafsack* eignet sich nur für ältere Babys, für Neugeborene ist er nicht empfehlenswert.

Monat 4

4. MONAT
Einfache Spiele

• Kuckuck: Bedecken Sie Ihr Gesicht mit den Händen und tauchen Sie auf magische Weise wieder auf.

• Albern Sie herum. Mit Grimassen, lustigen Hüten oder Tierimitationen ist es leicht, Ihr Kind zum Lachen zu bringen.

Gedanken und Gefühle ....

....

....

....

....

....

....

Wünsche ....

....

....

....

....

Zeit für mein Baby

Sie es auf Ihren Knien reiten oder kitzeln Sie es, wenn es spielen möchte.

Das richtige Spielzeug

Da es nun seine Hände und Finger immer besser einsetzen kann, freut sich Ihr Baby über neues Spielzeug, das sich festhalten, schütteln und drücken lässt. Viele Kinder lieben Rasseln, weil sie daran den Zusammenhang zwischen Ursache und Wirkung erkennen. Außerdem erforscht Ihr Kleines jetzt gerne Spielsachen und Bücher mit spannenden Oberflächenstrukturen oder Knöpfen, auf die es drücken kann.

Was siehst du?

Ihr Baby sieht nun immer besser und freut sich über interessante optische Eindrücke wie bunte Bilder, Mobiles, Pflanzen und Bäume. Tragen Sie es unterwegs mit dem Gesicht nach vorne, damit es Dinge, Menschen und Tiere betrachten kann.

Zeit zum Spielen

Lassen Sie das Baby Gegenstände mit unterschiedlichen Oberflächen erkunden. Durch Spielsachen mit Geräuschen lenken Sie die Aufmerksamkeit Ihres Babys auf sich. Indem es sich nach der Geräuschquelle umblickt und danach greift, schult es seine Hand-Augen-Koordination und die Feinmotorik.

Herumalbern

Ihr Baby kichert jetzt gerne und wird vor Vergnügen quietschen, wenn Sie auf seinen Bauch pusten oder an seinen Fingern und Zehen knabbern.

Körpereinsatz

Sobald die Nacken- und Beinmuskulatur Ihres Babys stärker wird, macht es ihm Spaß, seinen Körper zu spüren. Wirbeln Sie es in sicherem Griff umher, lassen

MEINE SPIELE

Ihr Baby nimmt mehr Kontakt zu seiner Umgebung auf. Es sieht sich Menschen und Objekte genau an. Es lacht, wenn ihm etwas gefällt, und hat Spaß an neuen Spielen, zum Beispiel auf Ihren Knien zu reiten.

....

....

....

....

....

Monat 5

5. MONAT
Meilensteine

• Dem Baby fällt es immer leichter, sich mit etwas Unterstützung aufrecht zu halten. Es kann in der Bauchlage den Kopf besser heben oder sich kurzzeitig mit den Armen abstützen. Vielleicht gelingt es ihm sogar schon, sich umzudrehen.

Gedanken und Gefühle ....

....

....

....

....

....

....

Wünsche ....

....

....

....

....

....

Was jetzt passiert

Beweglichkeit

Durch ihre noch weichen Knochen und Bänder sind Babys von Natur aus sehr gelenkig. In Kombination mit der wachsenden Kraft ihrer Muskeln können sie damit abenteuerliche Positionen einnehmen, etwa ihre Zehen in den Mund stecken!

Blickwinkel

Ihr Baby kann nun Dingen, die sich horizontal durch sein Sichtfeld bewegen, mit seinem Blick folgen. Langsam verliert es einen Gegenstand auch dann nicht mehr aus den Augen, wenn er sich auf und ab bewegt.

Nachtruhe

Mittlerweile schläft Ihr Baby wahrscheinlich einen Großteil der Nacht durch. Das tut es jedoch nicht immer. Vielleicht wacht es manchmal zufällig auf und schreit, weil es sich unwohl fühlt, nicht weil es Hunger hat. Trösten Sie Ihr Baby dann auf andere Weise, indem Sie zum Beispiel seinen Kopf oder Bauch streicheln und beruhigend mit ihm spre-

SO WACHSE ICH:

Datum ....

Gewicht ....

---

chen. Manchmal reicht das, damit es wieder einschläft. Verweigern Sie ihm jedoch nicht Brust oder Flasche, wenn es wirklich hungrig zu sein scheint.

Fester Griff

Ihr Baby kann immer besser nach Dingen greifen und sie länger festhalten. Manchmal schüttelt es sie, um zu sehen, was passiert. Ein Objekt wieder loszulassen, fällt ihm jedoch noch schwer. Aus Neugier steckt Ihr Baby sich auch Dinge in den Mund, deshalb sollten sich in seiner Reichweite keine möglichen Gefahrenquellen befinden.

Klangwelten

Im Gehirn Ihres Babys entstehen immer mehr Vernetzungen, sodass es anfängt, alltägliche Geräusche mit ihrer Quelle in Verbindung zu bringen. Ihr Baby ist an Ihre Stimme gewöhnt, erkennt den Klang seiner Rassel und hört am Geräusch, wenn sich eine Tür schließt oder das Badewasser einläuft. Damit beginnt es auch, Ereignisse vorauszuahnen. Es freut sich, dass Sie gleich bei ihm sind, wenn es Ihre Stimme näher kommen hört. Auch sein eigenes Repertoire an Lauten wird größer – vielleicht versucht es sogar schon, Silben aneinanderzureihen.

Monat 5

5. MONAT: *Was Sie beachten sollten*

• Das Baby erhält jetzt die dritte Teilimpfung gegen Diphtherie, Tetanus, Pertussis (Keuchhusten), Polio und Haemophilus influenzae Typ b (Hib) sowie eine Impfung gegen Pneumokokken und Hepatitis B.

Gedanken und Gefühle ....

....

....

....

....

....

....

Wünsche ....

....

....

....

....

....

Babypflege

Das Wachstum fördern

Ihr Baby wird aktiver und sein Appetit wächst.
Stillen Sie es nach Bedarf, um die Milchbildung für
seine gestiegenen Ansprüche anzuregen, oder geben
Sie ihm 30 ml mehr Flaschenmilch. Es braucht noch
keine feste Nahrung – diese sollte erst mit etwa
sechs Monaten und nie unter 17 Wochen eingeführt
werden. Falls Sie früher mit Beikost beginnen möchten, befragen Sie dazu Ihren Arzt.

Selbstsicherheit aufbauen

Das Baby entwickelt gerade ein Bild von sich selbst,
daher braucht es viel Liebe und positive Reaktionen
auf seine Bedürfnisse. Füttern Sie es, wenn es Hunger hat, legen Sie es schlafen, wenn es müde ist, und
sorgen Sie dafür, dass es sich wohlfühlt. Bieten Sie
ihm körperliche Nähe und anregende Unterhaltung.
All das stärkt sein Selbstbild.

Anregende Umgebung

Ein Teil des Charakters wird durch die Gene beein-
flusst, aber man kommt immer mehr zu der Einsicht,
dass die Wechselwirkung der Gene mit der Umwelt
die Persönlichkeit des Babys formt. So besitzt es
zum Beispiel ein Gen für Kreativität, aber um es zu
aktivieren, ist eine anregende Umgebung nötig.

Auf Keime achten

Das Zubehör zur Flaschenfütterung muss sterilisiert
werden und wenn Sie möchten, auch das Spielzeug,
das es in den Mund nimmt. Übertreiben Sie es aber
nicht. Das Baby braucht ein gewisses Maß an Kei-
men, um sein Immunsystem aufzubauen. Sterilisieren Sie das Spielzeug, das der Hund abgeleckt hat,
aber nicht gleich alle Spielsachen des Babys.

Ich mit 5 Monaten

....

....

....

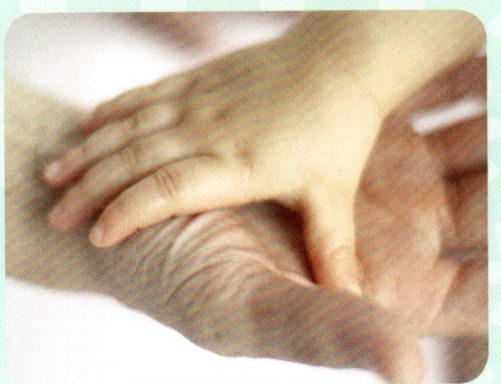

Monat 5

5. MONAT
Einfache Spiele

• Ein buntes Babytrapez verlockt das Baby dazu, die verschiedenen Spielzeuge genau zu erkunden.

• Setzen Sie sich Ihr Kind auf den Schoß, lassen Sie es auf Ihren Beinen auf und ab hüpfen und singen Sie dazu »Hoppe hoppe Reiter«.

Gedanken und Gefühle ....

....

....

....

....

....

....

Wünsche ....

....

....

....

....

Zeit für mein Baby

Zeit zum Singen

Ihr Baby liebt Ihre Stimme, besonders wenn Sie ihm Reime vorsprechen und Lieder vorsingen. Das macht Spaß und fördert seine Konzentration und Sprachentwicklung.

Faszinierende Tierwelt

Babys lieben Tiere und die Laute, die sie von sich geben. Betrachten Sie mit Ihrem Kind ein Bilderbuch über Haus- und Nutztiere oder wilde Tiere. Zeigen Sie auf jedes Tier, nennen Sie seinen Namen und ahmen Sie die Laute nach: »muh« für die Kuh, »wau« für den Hund und so weiter.

Rad fahren

Ihr Baby lernt erst später krabbeln, aber die Bewegungen, die es jetzt macht, sind die Vorbereitung dafür. Fördern Sie Koordination und Kraft mit »Radfahr-Spielen«, etwa indem Sie seine Beine kreisförmig bewegen, während es auf dem Rücken liegt.

Fast geschafft

Trainieren Sie Koordination und Bewegungsfähigkeiten in Vorbereitung auf das Krabbeln. Platzieren Sie ein Spielzeug außer Reichweite des Babys, während es auf dem Bauch liegt. So regen Sie es dazu an, sich danach auszustrecken. Frustrieren Sie es aber nicht, indem Sie das Spielzeug zu weit weg legen. Notfalls rücken Sie es etwas näher heran, damit das Baby es auf jeden Fall erreicht.

Solospiel

Geben Sie Ihrem Baby ab und zu kurze Zeiten, in denen es sich allein beschäftigt und Dinge selbst herausfindet. Bleiben Sie aber in der Nähe, damit Sie einspringen können, bevor es frustriert aufgibt.

MEINE SPIELE

Ihr Baby lernt, wie Dinge funktionieren und wie es seinen Körper einsetzen muss, um sie zu erreichen oder damit etwas geschieht. Ihr Baby wird immer entdeckungsfreudiger.

....

....

....

....

....

Monat 6

6. MONAT
Meilensteine

• Da das Baby sicherer sitzt, verfeinert sich seine Hand-Augen-Koordination: Es greift nach Dingen und untersucht sie mit beiden Händen.

• Vielleicht lässt Ihr Baby jetzt ein Tagesschläfchen aus – viele schlafen jedoch weiterhin dreimal am Tag.

Gedanken und Gefühle ....

....

....

....

....

....

....

Wünsche ....

....

....

....

....

....

....

Was jetzt passiert

Was kommt dann?

Das Gedächtnis Ihres Babys entwickelt sich weiter.
Es fängt an, sich an Abläufe zu erinnern, und daran,
was als Nächstes folgt. Es erkennt Bücher wieder
und weiß, dass Sie ihm daraus vorlesen werden. Es
freut sich, wenn seine Spielzeugkiste geöffnet wird,
und wird ruhig, wenn Sie abends bei der Gutenachtgeschichte mit ihm kuscheln. Wiederholte Aktionen
unterstützen den Aufbau seines Gedächtnisses.

Nachahmung

Ihr Baby beobachtet Sie, um etwas über die Welt
zu lernen. Es kopiert Ihre Handlungen und liebt
Spielzeugversionen von Haushaltsgegenständen
wie Telefon, Töpfe oder Pfannen.

Was hast du gesagt?

Zunehmend ahmt Ihr Baby auch Laute nach. Es
summt, es wird lauter, wenn es aufgeregt ist, und
es tut so, als ob es spräche. Dabei imitiert es Ihre
Sprechweise. So gurrt es leise beim Zubettgehen
und quietscht laut beim Spielen.

SO WACHSE ICH:

Datum ....

Gewicht ....

Zeit zum Hüpfen

Die Beine Ihres Babys können nun mehr Gewicht
tragen. Es hüpft gerne auf und ab, während Sie es
auf dem Schoß halten. Damit stärkt es seine Muskeln für das Krabbeln und Laufen. Nicht allen Babys
gefällt jedoch diese Aktivität, deshalb sollten Sie es
keinesfalls dazu zwingen.

Klare Sicht

Die Augen des Babys werden immer besser. Die
Koordination der Augenmuskeln und die Tiefen-
schärfe sind ausgereift und es erkennt auch kleine
Veränderungen in seiner Umgebung, etwa wenn
der Wind die Vorhänge bewegt oder ein Spielzeug
auf der Sofalehne liegt.

Feste Nahrung

Jetzt können Sie langsam beginnen, Ihr Baby an
feste Nahrung zu gewöhnen. Sein Bedarf wird nun
nicht mehr allein durch die Milch gedeckt, deshalb
braucht es zusätzliche Kalorien und Nährstoffe aus
einem breiteren Nahrungsangebot. Dabei kommt
es ihm zugute, dass es aufrecht sitzen und seinen
Kopf allein halten kann.

Monat 6

6. MONAT: *Was Sie beachten sollten*

• Ihr Baby kann jetzt in ein eigenes Zimmer umziehen. Gehen Sie behutsam vor, etwa indem es zunächst nur tagsüber dort schläft.

• Es wird Zeit, das Baby mit der Schnabeltasse vertraut zu machen. Vielleicht braucht es zunächst noch Hilfe.

Gedanken und Gefühle ....

....

....

....

....

....

....

Wünsche ....

....

....

....

....

Babypflege

Neue Nahrungsmittel

Die erste feste Nahrung, die Babys erhalten, ist normalerweise Obst- oder Gemüsebrei. Probieren Sie es zuerst mit Gemüse, damit das Baby kein Leckermäulchen wird und das süße Obst dem würzigen Gemüse vorzieht. Sobald es sich an die neuen Geschmacksrichtungen gewöhnt hat, können Sie ihm Breimischungen anbieten, dann proteinhaltige Nahrung wie Fleisch, Geflügel, Fisch und Hülsenfrüchte oder Milchprodukte wie Käse und Joghurt.

Der Kinderhochstuhl

Ein Hochstuhl ist ein sicherer Platz, an dem das Baby seine Ess- und Trinkfertigkeiten trainieren kann. Außerdem kann es so bei Familienmahlzeiten mit am Tisch sitzen. Wählen Sie ein leicht zu reinigendes Modell, idealerweise mit einem abnehmbaren Tablett. Achten Sie auf Sicherheitsgurte und Standfestigkeit, damit der Stuhl nicht umkippt, wenn das Baby darin zappelt. Ein gepolsterter Sitz macht es Ihrem Baby bequemer.

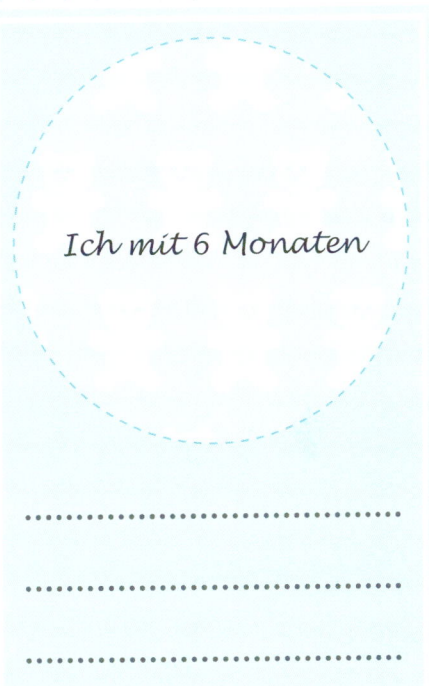

Ich mit 6 Monaten

....

....

....

Dehydrierung

Wenn das Baby an Durchfall oder Erbrechen leidet, sich heiß anfühlt oder Fieber hat, müssen Sie darauf achten, dass es genügend Flüssigkeit aufnimmt. Bieten Sie ihm weiterhin Brustmahlzeiten an oder geben Sie ihm abgekochtes kaltes Wasser zu trinken, falls es das Fläschchen bekommt. Empfehlenswert sind Elektrolytlösungen, die auch Salze ersetzen. Bei Anzeichen von Austrocknung wie Apathie, eingesunkener Fontanelle, stark riechendem Urin, trockenem Mund oder auffällig wenigen nassen Windeln sollten Sie den Arzt aufsuchen.

Monat 6

6. MONAT
Einfache Spiele

• Zeigen Sie dem Baby Blumen, lassen Sie es Gras berühren und im Sandkasten den Sand durchwühlen.

• Lesen Sie ihm einmal täglich vor. Die Gutenachtgeschichte wird schnell ein beliebter Bestandteil seines Tages werden.

Gedanken und Gefühle ....

....

....

....

....

....

....

Wünsche ....

....

....

....

....

....

Zeit für mein Baby

es etwas Neues versucht, und halten Sie sich bereit, um einzuschreiten, wenn es Anzeichen von Frustration zeigt, denn diese schadet seinem Selbstvertrauen und hält es davon ab, es erneut zu probieren.

Zeit für eine Geschichte

Babys lieben Geschichten und schauen gern Bilderbücher an. Inzwischen hat Ihr Baby sicher seine Favoriten und weiß, was auf der nächsten Seite passieren wird. Robuste Exemplare aus Pappe oder Stoff sind perfekt für kleine Babyhände geeignet. Regelmäßiges Vorlesen fördert die Sprachentwicklung des Babys und erweitert seinen Wortschatz.

So geht das!

Das Verständnis Ihres Babys für Ursache und Wirkung nimmt zu. Lassen Sie es mit Spielzeug experimentieren, etwa mit einer Rassel, die beim Schütteln Geräusche macht. Spielsachen, bei denen auf Knopfdruck etwas herausspringt, findet es jetzt wahrscheinlich ebenfalls interessant. Sie helfen ihm zudem, die Objektpermanenz (Seite 51) verstehen zu lernen, nämlich dass Dinge weiterhin existieren, selbst wenn sie nicht sichtbar sind.

Zurückhaltung üben

Eltern fällt es in der Regel schwer, dem Baby nicht helfend zur Seite zu springen, wenn es sich mit irgendetwas abmüht. Räumen Sie ihm besser genug Zeit dafür ein, Dinge durch Versuch und Irrtum zu lernen – ob es nun darum geht, wie man eine Seite im Bilderbuch umblättert oder wie man an Uhrzeigern dreht. Bei einem neuen Spielzeug sollten Sie ihm die ersten Male zeigen, wie es funktioniert, und es dann selbst probieren lassen. Loben Sie es, wenn

MEINE SPIELE

Ihr Baby lernt durch Wiederholen. Einfache, altersgerechte Spielsachen, die es allein benutzen kann, helfen ihm, seine Fertigkeiten zu entwickeln und zu trainieren.

....

....

....

....

....

Monat 7

7. MONAT
Meilensteine

• Ihr Baby kann schon viel sicherer allein sitzen.

• Es hat mehr Kontrolle über seine Hände und lernt, damit Dinge zu untersuchen. Durch den stabileren Sitz kann es Dinge von einer Hand in die andere nehmen.

Gedanken und Gefühle

Wünsche

Was jetzt passiert

Wachsen und schlafen

Das Baby hat sein Geburtsgewicht etwa verdoppelt und sieht jetzt richtig proper aus. Milch ist nach wie vor wichtig für seine Ernährung, aber es braucht für sein Wachstum auch die Energie, die feste Nahrung liefert. Wahrscheinlich hat es inzwischen einen beständigen Schlaf-Wach-Rhythmus entwickelt und schläft nachts 8–10 Stunden durch.

Wo ist es hingekommen?

Ihr Baby begreift allmählich, dass Dinge, die es gerade nicht sehen kann, trotzdem weiterhin existieren. Dieses Konzept heißt »Objektpermanenz«. Sieht es ein Spielzeug nicht sofort, fängt es an, danach zu suchen, weil es weiß, dass es irgendwo sein muss. Deshalb findet es auch zunehmend Gefallen an Versteckspielen.

SO WACHSE ICH:

Datum ....

Gewicht ....

Gefühlswelt

Das Baby nimmt die Stimmung seiner Umgebung auf und hat ein feines Gespür dafür, wenn etwas nicht in Ordnung ist. Dann reagiert es vielleicht ängstlich oder missmutig. Vermeiden Sie daher hitzige Diskussionen mit Ihrem Partner, wenn das Baby in Hörweite ist, denn es versteht noch nicht, worum es geht. Versuchen Sie stattdessen, strittige Punkte ruhig und sachlich zu klären. Sollten die Wellen dennoch einmal hochschlagen, machen Sie eine kurze Pause und beruhigen Sie sich beide, ehe Sie weiterdiskutieren.

Ich hab's verstanden!

Die Kommunikationsfähigkeit Ihres Babys erweitert sich. Es beginnt, die Bedeutung von Gesten zu erfassen und ihnen Worte zuzuordnen. Vielleicht beherrscht es auch schon selbst ein paar ganz einfache Gesten, etwa in die Richtung eines Gegenstands zu zeigen, den es haben möchte. Antworten Sie auf seine Gesten, damit es merkt, dass seine Verständigungsversuche erfolgreich sind. Wenn es in Richtung eines Spielzeugs gestikuliert, das es nicht erreichen kann, geben Sie es ihm gleich.

Monat 7

7. MONAT: *Was Sie beachten sollten*

• Benutzen Sie aus hygienischen Gründen verschiedene Schneidbretter für Fleisch, Obst und Gemüse. Wischen Sie Oberflächen gut ab.

• Krabbelnde Babys brauchen bequeme, lockere Kleidung, die die Knie bedeckt.

Gedanken und Gefühle ....

....

....

....

....

....

Wünsche ....

....

....

....

....

Babypflege

Wichtige Vitamine

Knochen, Zähne und Gehirn eines Babys brauchen zum Wachsen genügend Vitamine. So fördert Vitamin C beispielsweise die gesunde Entwicklung von Knochen und Haut, stärkt das Immunsystem und fördert Heilungsprozesse. Gute Lieferanten sind frisches Obst und Gemüse.

Hoch die Tassen!

Zu den Mahlzeiten geben Sie dem Baby am besten Milch oder Wasser in einer Schnabeltasse mit Deckel zu trinken. Fruchtsäfte sollten Sie mit zehn Teilen Wasser verdünnen und nur zu den Mahlzeiten anbieten, damit sich nicht zu viel Zucker auf den Zähnen absetzt und Karies verursacht.

Verstopfte Tränenkanäle

Manchmal ist von Geburt an ein Tränenkanal nicht durchgängig, sodass die Flüssigkeit nicht abfließen kann. Keine Sorge, das gibt sich bald von selbst. Zur

Ich mit 7 Monaten

....

....

....

Unterstützung können Sie sanft die Augenwinkel des Babys massieren und verkrustete Augen mit Watte und abgekochtem, lauwarmem Wasser reinigen. Bei geröteten Augen oder gelblichen Absonderungen kann es sich um eine Infektion handeln, die mit antibiotischen Augentropfen behandelt werden muss.

Bröckchenweise

Zerkleinern Sie die Speisen des Babys immer weniger, sodass es lernt zu kauen. Wenn es erst wenige Zähne hat, zerdrückt es die Stücke mit dem Zahnfleisch.

Monat 7

7. MONAT
Einfache Spiele

• Mit Rasseln und Klappern kann das Baby selbst Musik machen.

• Füllen Sie einen Korb mit verschiedenen Spielsachen und ungefährlichen Haushaltsgegenständen. Lassen Sie das Baby darin herumwühlen und alles erforschen.

Gedanken und Gefühle ....

....

....

....

....

....

....

Wünsche ....

....

....

....

....

Zeit für mein Baby

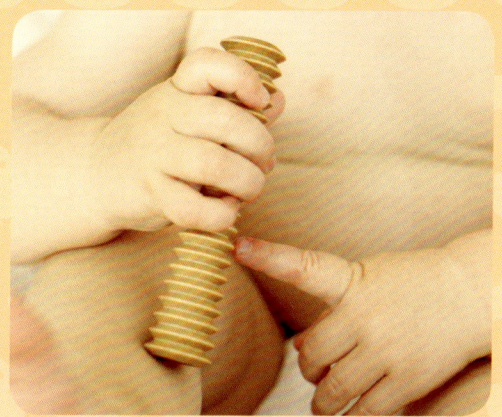

wie Sprache an, ist aber weiterhin nur Gebrabbel. Reagieren Sie trotzdem darauf, um es zum Kommunizieren zu ermutigen.

Verstecken

Versteckspiele erhalten jetzt eine ganz neue Bedeutung, da Ihr Baby zunehmend begreift, dass Sie immer noch da sind, wenn Sie sich unter einer Decke oder hinter dem Sofa verstecken. Vielleicht versucht es sogar, sich selbst zu verstecken. Es wird vor Vergnügen quietschen, wenn Sie ganz plötzlich wieder auftauchen und dabei ein lustiges Gesicht ziehen.

Wer ist das im Spiegel?

Ihr Baby ist zwar noch zu jung, um sich selbst im Spiegel zu erkennen, aber wenn Sie mit ihm gemeinsam vor einen Spiegel treten, wird es Spaß daran haben, Ihre beiden Gesichter zu betrachten. Noch lustiger wird es, wenn Sie witzige Grimassen ziehen.

Plitsch, platsch

Wenn Ihr Baby schon sicher sitzen kann, setzen Sie es vor eine Waschschüssel voll Wasser mit Badespielzeug und Plastiktassen. Lassen Sie es aber nicht unbeaufsichtigt mit Wasser spielen. Zeigen Sie ihm, wie es die Tassen mit Wasser füllen kann, und wirbeln Sie das Wasser mit dem Finger leicht in der Schüssel herum.

Neue Laute

Sobald das Baby seine Mundmuskulatur und die Stimmbänder besser kontrollieren kann, beginnt es, neue Laute zu bilden und Konsonanten mit Vokalen zu kombinieren. Das hört sich schon fast

MEINE SPIELE

Gleichgewichtssinn, Kraft und Geschicklichkeit verbessern sich ebenso wie die Feinmotorik. Die Aufmerksamkeitsspanne wird größer und Ihr Baby kann sich länger mit einer Sache beschäftigen.

....

....

....

....

....

Monat 8

8. MONAT
Meilensteine

• Mit dem Krabbeln erreicht das Baby eine neue Stufe der Mobilität. Manche lassen auch das Krabbeln aus und rutschen lieber auf dem Po.

• Ihr Baby kombiniert Konsonanten und Vokale und verändert beim Brabbeln den Tonfall.

Gedanken und Gefühle ....

....

....

....

....

....

....

Wünsche ....

....

....

....

....

Was jetzt passiert

Einmal ich, einmal du

Zeigen Sie Ihrem Baby, wie man sich abwechselt. Rollen Sie ihm einen Ball zu und erklären Sie ihm, dass Sie jetzt dran sind. Sagen Sie ihm, dass es nun an der Reihe ist, wenn es den Ball wegstößt. Erzwingen Sie aber nichts, denn das Konzept des Teilens versteht es erst in einigen Jahren.

Persönlichkeit zeigen

Da das Baby sich nun an seine Umgebung und den Alltag gewöhnt hat, treten allmählich seine Persönlichkeitsmerkmale stärker in Erscheinung. Vielleicht liebt es die Aufmerksamkeit oder es wird unleidlich, wenn es während des Tages nicht genug Ruhezeiten bekommt. Akzeptieren Sie diese individuellen Eigenschaften und geben Sie Ihrem Kind Gelegenheiten, sie auszuleben: Bieten Sie ihm soziale Situationen, die ihm Spaß machen, oder planen Sie regelmäßige Zeiten ein, in denen es seine Ruhe hat.

> **MEIN GEWICHT:**
>
> Datum ....
>
> Gewicht ....

Trennungsangst

Ihr Baby wird selbstständiger und seine Welt immer größer. Es merkt, dass Sie ein eigenständiges Wesen sind und manchmal weggehen. Möglicherweise wird es schon ängstlich und fühlt sich allein gelassen, wenn Sie nur kurz das Zimmer verlassen. Diese sogenannte Trennungsangst kann bis zu drei Jahren anhalten. Ignorieren Sie sie nicht, sondern versichern Sie Ihrem Kind freundlich und ruhig, dass Sie auf jeden Fall wiederkommen, selbst wenn Sie nur kurz weggehen.

Namen geben

Wenn Sie dem Baby immer wieder Dinge in seiner Umgebung zeigen und sie benennen, begreift es allmählich, dass alle Gegenstände, Personen und Tiere Namen haben. Fragen Sie: »Wo ist Papa?«, wenn dieser gerade nach Hause kommt, und: »Wo ist der Teddy?«, bevor Sie selbst darauf zeigen. Wenn Sie gemeinsam ein Buch anschauen, deuten Sie immer wieder auf Dinge oder Personen und nennen Sie sie beim Namen, sodass es mit der Zeit beginnt, eine Verbindung zwischen einem Objekt und dessen Namen herzustellen.

Monat 8

8. MONAT: *Was Sie beachten sollten*

• Machen Sie Ihr Haus kindersicher. Achten Sie dabei besonders auf Stromkabel oder Vorhangschnüre.

• Das Baby rollt vielleicht im Schlaf auf den Bauch. Da es nun genug Kraft hat, um sich selbst umzudrehen, ist das in Ordnung.

Gedanken und Gefühle ....

....

....

....

....

....

....

Wünsche ....

....

....

....

....

Babypflege

Allergische Reaktionen

Sobald Sie dem Baby feste Nahrung anbieten, kann es passieren, dass es auf eines oder mehrere Produkte allergisch reagiert. Die Palette reicht dabei von Ausschlag bis zu Atemproblemen. Führen Sie immer nur ein Nahrungsmittel auf einmal ein – so lassen sich Allergieauslöser leicht entdecken. Lassen Sie sich vom Kinderarzt beraten, was Ihr Kind bei einer Allergie essen darf.

Gesunde Zwischenmahlzeit

Packen Sie für unterwegs immer ein paar gesunde Snacks ein. Das kann ein Brei in der Kühltasche sein oder Obst, das sich leicht zerdrücken lässt, wie Bananen und reife Birnen. Auf Pita-Brot kann Ihr Baby gut herumkauen. Das nötige Eiweiß liefern Fisch- oder Hähnchenstücke.

Bewegungsfreiheit

Selbst wenn es für Sie bequem ist: Lassen Sie Ihr Baby unterwegs nicht zu lange im Buggy sitzen, etwa

Ich mit 8 Monaten

....

....

....

beim Shoppen oder im Café. Es muss sich täglich frei bewegen und seine Umgebung erkunden können.

Flexible Routine

Sie müssen sich nicht jeden Tag starr an festgelegte Zeiten zum Wickeln, Schlafen oder Essen halten. Das Baby reagiert auf die Abfolge der Ereignisse. Wenn Sie ihm also eine Geschichte vorlesen und es ins Bett legen, weiß es, dass es Zeit zum Schlafen ist. Sollte dies eine halbe Stunde später sein als üblich, wird es das wahrscheinlich nicht einmal bemerken.

Monat 8

8. MONAT
Einfache Spiele

• Singen Sie mit Ihrem Baby Lieder, die Körperteile benennen, wie »Kopf und Schulter, Knie und Fuß«.

• Geben Sie dem Baby eine Schüssel Seifenwasser sowie ein paar Teller und Tassen aus Plastik und spielen Sie gemeinsam »Abspülen«.

Gedanken und Gefühle

....

....

....

....

....

....

Wünsche

....

....

....

....

....

Zeit für mein Baby

Kreatives Chaos

Ihr Baby besitzt noch nicht so viel Koordination, dass es einen Stift führen kann, aber bunte Handabdrücke herzustellen macht mindestens genauso viel Spaß. Legen Sie dazu Zeitungs- oder große Papierbogen aus (bei schönem Wetter im Garten). Verwenden Sie Fingerfarben, in die das Baby seine Hände tauchen kann. Helfen Sie ihm dabei, sie auf das Papier zu drücken. Es wird fasziniert sein von den Farbklecksen, die es hinterlässt. Den schönsten Abdruck rahmen Sie ein oder hängen ihn an den Kühlschrank.

Laut singen

Babys lieben Musik. Studien haben erwiesen, dass Babys, die oft Musik hören, schneller sprechen lernen als andere. Man nimmt an, dass Silben und Wörter in Liedern deutlicher ausgesprochen werden, sodass das Baby sie leichter erkennen und erfassen kann. Außerdem verlängert sich durch Musikhören die Aufmerksamkeitsspanne Ihres Babys. Singen Sie Ihrem Kind regelmäßig Lieder und Kinderreime vor. Ihre Gesangsqualitäten spielen dabei überhaupt keine Rolle.

Geräusche produzieren

Sie sind der erste Lehrer Ihres Babys. Indem es Sie beobachtet und Ihnen zuhört, lernt es, Laute zu bilden und schließlich zu sprechen. Erzählen Sie Ihrem Kind so viel wie möglich über Geräusche. Wenn Sie zum Beispiel gemeinsam ein Buch anschauen, deuten Sie auf den Zug und sagen: »Der Zug macht tschu-tschu.« Das gefällt dem Baby und erweitert nebenbei das Repertoire an Lauten und Geräuschen, die es kennt.

MEINE SPIELE

Das Baby entwickelt einen Sinn dafür, was als Nächstes kommt. Vertraute Lieder und Spiele findet es deshalb jetzt besonders aufregend, da es schon weiß, was am Schluss passiert!

....

....

....

....

....

Mit dem Baby
unterwegs

Mit gemeinsamen Unternehmungen bekommen Sie beide frische Luft, sehen neue Orte und erhalten geistige Anregung. Schon mit einem Neugeborenen können Sie täglich spazieren gehen. Später sind auch längere Ausflüge möglich und irgendwann steht der erste Familienurlaub an.

Ausflüge

Eine Ausflugsfahrt im Buggy gibt Ihrem Baby viel Anregung. Es erlebt neue Anblicke und Geräusche und die frische Luft lässt es gut schlafen. Je bewusster es seine Umgebung wahrnimmt, desto aktiver wird es sich an dem Ausflug beteiligen. Es sitzt im Buggy und schaut sich Tiere oder Bäume an. Veranstalten Sie Ihr erstes Picknick unter einem schattigen Baum, vielleicht zusammen mit anderen Müttern. Unternehmen Sie alle gemeinsam einen Ausflug an einen See, in die Berge oder zu einem besonderen Ort. Oder treffen Sie sich ganz einfach auf dem örtlichen Spielplatz beim Sandkasten.

Ebenso können Sie Freunde oder Familienmitglieder besuchen, die etwas weiter entfernt wohnen. Ein Besuch bei den

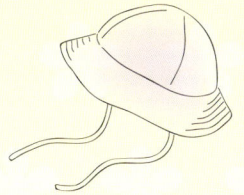

Großeltern bringt beide Generationen einander näher und das Baby gewöhnt sich an kurze Aufenthalte außerhalb der eigenen vier Wände.

Der erste Urlaub

Der erste Familienurlaub ist ein aufregender Meilenstein. Sie brauchen etwas mehr Zeit, um ihn vorzubereiten, doch wenn alles am richtigen Platz ist, werden Sie viel Spaß zusammen haben. Packen Sie vertraute Bücher und Spielsachen ein, um dem Baby die Eingewöhnung an einem fremden Ort zu

erleichtern. Falls Sie eine längere Anreise vor sich haben, gehört auch Spielzeug ins Handgepäck. Wenn das Baby noch die Flasche bekommt, sollten Sie bei einem Urlaub im Ausland genügend Formulamilchpulver mitnehmen. Das Saugen an einer Flasche verhindert im Flugzeug Ohrenschmerzen. Informieren Sie sich, ob es im Hotel Kinderbetten und -hochstühle gibt, und fragen Sie nach einem Kindersitz, wenn Sie ein Auto mieten.

Schützen Sie Ihr Baby im Urlaub mit Kleidung und einem Hut vor der Sonne. Am Strand kann auch eine Sonnenbrille nötig sein. Im Auto sollte es Sonnenblenden geben. Meiden Sie die direkte Sonne von 10 bis 15 Uhr und verwenden Sie Sonnenmilch mit Lichtschutzfaktor 30 bis 50.

GUT *vorbereitet*

● *Für Tagesausflüge* packen Sie Windeln, Kleidung zum Wechseln, Flaschen nebst Zubehör für ein jüngeres Baby oder Essen für ein älteres Baby ein.

● *Ein Erste-Hilfe-Set* sollten Sie unterwegs oder im Auto immer für das Baby dabeihaben. Darin sollten sich neben Pflastern auch

Zahnungsgel und Paracetamol für Babys sowie eine Antihistaminsalbe gegen Insektenstiche befinden.

● *Ein Sonnenschirm* für den Buggy.

● *Ein paar* kleine Spielsachen und Bücher.

● *Ein Babyfon* für längere Reisen.

Monat 9

9. MONAT
Meilensteine

• Das Baby zeigt gezielt auf Dinge.

• Mit dem Pinzettengriff, den es jetzt lernt, kann es kleine Objekte zwischen Zeigefinger und Daumen aufheben.

• Es übt seine Stimme, quietscht und produziert allerlei andere Geräusche.

Gedanken und Gefühle ....

....

....

....

....

....

....

Wünsche ....

....

....

....

....

Was jetzt passiert

Schau her!

Vielleicht fängt Ihr Baby jetzt an, sich an Möbeln hochzuziehen, sodass es schließlich steht, wenngleich auch mit Stütze. Das Hinsetzen fällt ihm jedoch noch wesentlich schwerer, deshalb sollten Sie ihm dabei zumindest am Anfang noch helfen.

Gefühle verstehen

Sicher haben Sie schon gemerkt, dass das Baby auf Ihre Gefühlslage reagiert. Wenn Sie weinen, möchte es mit Ihnen kuscheln, und wenn Sie gestresst sind, wird es ebenfalls unruhig. Das ist noch kein Mitgefühl (echte Empathie entwickelt es erst in ein paar Jahren), aber Ihr Baby lernt dadurch, Gefühle zu verstehen.

Zeit für Geselligkeit

Ihr Baby spielt noch nicht aktiv mit anderen Babys, aber es gefällt ihm, parallel neben anderen Kindern zu spielen. Es beobachtet sie und »plaudert« vielleicht ein wenig mit ihnen, beschäftigt sich aber sonst nur mit sich selbst. Mit anderen zu teilen lernt es erst in einigen Jahren.

SO WACHSE ICH:

Datum ....

Gewicht ....

Kleine Plaudertasche

Sicher ist Ihnen schon aufgefallen, dass Ihr Baby in letzter Zeit sehr viel mit sich selbst, mit Ihnen oder mit seinem Spielzeug »spricht«. Es erprobt dabei die ganze Bandbreite seiner Stimme, quietscht laut und produziert hin und wieder sogar Geräusche, die sich anhören wie Gesang. Manchmal übt es einen bestimmten Laut eine Zeit lang, ehe es sich dem nächsten zuwendet.

Schnurstracks in den Mund

Das Baby kann Gegenstände jetzt gut halten und ist schon ziemlich zielsicher, auch seine Gesichtsmuskeln sind besser koordiniert. So können Sie beobachten, dass alles, was es aufhebt, geradewegs in seinen Mund wandert. Das ist völlig normal, denn auf diese Weise erkundet ein Baby die Welt. Indem es auf Dingen herumkaut, daran nagt oder sie mit der Zunge berührt, sammelt es Informationen über die Größe, Form und Beschaffenheit der Objekte. Das wiederum trainiert nicht nur seine Fertigkeit, feste Nahrung zu kauen und zu schlucken, es fördert obendrein auch die Sprachentwicklung, denn zum Sprechen benötigt es ebenfalls kräftige Muskeln.

66

Monat 9

9. MONAT: *Was Sie beachten sollten*

• Milch ist immer noch wichtig für Ihr Baby. Es benötigt jetzt etwa zwei bis drei Milchmahlzeiten pro Tag.

• Sobald sich das Baby zum Stehen hochzieht, sollten Sie den Lattenrost seines Bettes auf die unterste Stufe legen, damit es nicht herausfällt.

Gedanken und Gefühle ....

....

....

....

....

....

....

Wünsche ....

....

....

....

....

....

Babypflege

Tagesschlaf

Manche Babys möchten jetzt vormittags nicht mehr schlafen, andere brauchen weiterhin ihr Nickerchen am Morgen. Richten Sie sich dabei nach Ihrem Kind. Zwingen Sie es nicht zum Schlafen, wenn es nicht möchte. Stattdessen können Sie das Mittagessen etwas vorziehen, sodass sein Nachmittagsschlaf nicht mehr so nahe an der abendlichen Schlafenszeit liegt.

Aua!

Wenn das Baby mobil wird, steigt die Gefahr, dass es sich öfter Beulen und blaue Flecken holt. Machen Sie kein großes Drama daraus. Je mehr Aufhebens Sie darum machen, desto heftiger wird das Baby reagieren. Ein »Oh« und ein Lächeln von Ihnen signalisieren ihm, dass es normal ist, sich einmal wehzutun.

Sicher und geborgen

Vielleicht liebt Ihr Baby eine bestimmte Decke oder ein Schmusetier, das es tröstet, wenn es traurig ist. Das kann vor allem bei Trennungsangst helfen, denn

Ich mit 9 Monaten

....

....

....

die Decke oder das Stofftier bleibt bei ihm, auch wenn Sie selbst einmal nicht da sind.

Keine Zeit zum Anziehen!

Da Ihr Baby nun so aktiv ist, kann das tägliche Anziehen zur Herausforderung werden. Nutzen Sie den Überraschungseffekt, etwa indem Sie Grimassen ziehen, um ihm schnell den Pulli über den Kopf zu stülpen. Oder ziehen Sie es an, während es auf Ihrem Schoß sitzt. Bewahren Sie in jedem Fall die Geduld und stellen Sie sich darauf ein, dass das Anziehen in Zukunft etwas länger dauern wird.

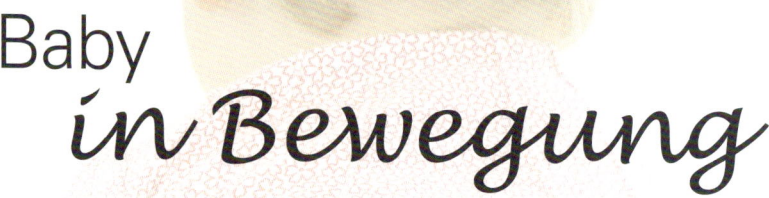

Baby
in Bewegung

Im ersten Jahr strengt Ihr Baby sich an, immer mobiler zu werden, denn es möchte sich so bewegen können wie die anderen Menschen, die es sieht. Auf dem Weg zur eigenständigen Fortbewegung bildet jede Etappe die Voraussetzung für die nächste Stufe.

Der Weg zum Krabbeln

Ihr Baby erlangt die Kontrolle über seinen Körper vom Kopf aus abwärts. Es kräftigt also zuerst seine Oberkörpermuskeln, bevor es die Beine trainieren kann. Mit fünf bis sechs Monaten ist es stark genug zum Sitzen. Auch wenn Sie es anfangs noch halten oder mit Kissen abstützen müssen, kann es bald allein sitzen, ohne umzukippen. Sobald das geschafft ist, fängt es an, sich im Sitzen nach vorne zu beugen. Das ist der erste Schritt zum Krabbeln. Sie können ihm dabei helfen, indem Sie ein Spielzeug vor es hinlegen, nach dem es greifen kann. Regelmäßige Zeiten in Bauchlage stärken seine Muskeln und trainieren

die Koordinationsfähigkeit, die es zum Krabbeln braucht. Ab etwa drei Monaten beginnt es, Kopf und Schultern zu heben und umherzuschauen. Es kann auch auf dem Bauch vor und zurück schaukeln. Mit fünf Monaten lernt es, sich umzudrehen. Dadurch entstehen neue Nervenverbindungen, die es für das Krabbeln brauchen wird.

Auf den Füßen

Wenn Ihr Baby etwas älter ist, lernt es, sein Körpergewicht auf den Beinen zu tragen. Zunächst müssen Sie es dabei halten, aber mit neun bis zehn Monaten fängt es an, sich an Möbeln in den Stand hochzuziehen. Sobald ihm das gelungen ist, dauert es nicht mehr lange, bis es im Seitwärtsschritt daran entlangläuft und sich dabei festhält.

Erste Schritte

Manche Babys machen schon mit neun Monaten die ersten Schritte, andere erst mit eineinhalb Jahren. Wahrscheinlich wird Ihr Baby mit etwa elf Monaten ein paar Schritte gehen können, wenn Sie es an beiden Händen halten. Wenig später kann es auch an einer Hand gehen. Um frei laufen zu können, braucht es genug Koordination und Kraft, deshalb sollten Sie es nicht dazu drängen.

IHR BABY *wird mobil!*

- *Sobald Ihr Baby* das Krabbeln einigermaßen beherrscht, möchte es sich auch rückwärts, seitwärts und schnell vorwärts bewegen. Es wird ein paar Beulen davontragen, bis es gelernt hat, rechtzeitig anzuhalten.

- *Die Tiefenwahrnehmung* des Babys ist noch nicht ausgereift. Es kann Entfernungen nur schwer abschätzen – passen Sie deshalb an Stufen und Treppen besonders auf.

- *Beim Treppensteigen* sollten Sie vor Ihrem Baby stehen, wenn es (mit dem Bauch zur Treppe) hinabsteigt, und hinter ihm, wenn es hinaufklettert.

- *Lassen Sie Ihr Baby* später oft im Gras laufen, das seine Stürze weich auffängt.

- *Mit wachsender Erfahrung* wird Ihr Kind anfangen, zu rennen und zu hüpfen.

Monat 9

9. MONAT
Einfache Spiele

• Werfen Sie dem Baby einen weichen Ball zu. Vielleicht hebt es ihn auf und schubst ihn weg. Irgendwann wird es ihn zurückwerfen.

• Entführen Sie Ihr Baby mithilfe eines Sockentiers in die fantasievolle Welt des Puppenspiels.

Gedanken und Gefühle ....

....

....

....

....

....

....

Wünsche ....

....

....

....

....

Zeit für mein Baby

Hinwerfen und aufheben

Ihr Baby lernt, Dinge bewusst fallen zu lassen. Außerdem stellt es zu seiner großen Freude fest, dass Sie alles wieder aufheben, was ihm herunterfällt, und macht daraus ein Spiel. Wenn es etwas vom Hochstuhl wirft, weiß es aufgrund seines Verständnisses von Objektpermanenz, dass es noch immer irgendwo existiert. Es lässt den Gegenstand erneut fallen – aber nicht, um Sie damit zu ärgern, sondern weil es eine faszinierende Entdeckung gemacht hat. Je öfter Sie mitspielen, desto schneller wird es dieses Ursache-Wirkung-Prinzip begreifen.

Tüfteln

Die geistige Entwicklung Ihres Babys macht immer weitere Fortschritte. Es versteht jetzt das Prinzip von Ursache und Wirkung und möchte es mithilfe von Spielsachen genauer erkunden. Formensortierer, Spielzeug mit Deckeln oder Bücher mit Fenstern zum Aufklappen sind jetzt ideal.

Wasserratte

Ein Besuch im Hallenbad am Warmbadetag ist für Sie und das Baby lustig und entspannend. Durch den Auftrieb kann es sich im Wasser viel leichter bewegen als an Land. Besorgen Sie eine Schwimmwindel und aufblasbare Schwimmflügel und genießen Sie eine unbeschwerte Zeit im warmen Wasser.

Spielwelt

Sobald das Baby krabbelt, können Sie ihm in der Wohnung einen weichen Spielbereich einrichten. Legen Sie Kissen, Decken und einen offenen Karton als Tunnel auf den Boden. Behalten Sie Ihr Kind im Auge, während es das Terrain erkundet, und helfen Sie ihm, wenn es nicht weiterkommt.

MEINE SPIELE

Das Baby entwickelt jetzt seine Fähigkeiten zur Problemlösung. Es mag Spielsachen und Spiele, bei denen es Formen in eine Öffnung legen oder nachsehen kann, was sich unter dem Deckel befindet.

....

....

....

....

....

Monat 10

MONAT 10
Meilensteine

• Ihr Baby spricht sein erstes Wort, es kann aber noch undeutlich sein.

• Sobald es stehen kann, beginnt es, sich an Möbeln entlangzuhangeln.

• Es hebt kleine Dinge vorsichtig mit dem Pinzettengriff auf.

Gedanken und Gefühle ....

....

....

....

....

....

....

Wünsche ....

....

....

....

....

....

Was jetzt passiert

So bin ich!

Da sich das Baby nun immer besser ausdrücken kann und auch erste eigene Verhaltensmuster zeigt, tritt seine Persönlichkeit deutlicher hervor. Ist es der entspannte, gemütliche Typ oder ist es eher ängstlich und braucht viel Zuspruch? Auch wenn Sie natürlich das Selbstbewusstsein Ihres kleinen Angsthasen stärken oder den relaxten Sonnyboy zu mehr Engagement bewegen möchten, sollten Sie auf seine individuelle Eigenart eingehen. Verpassen Sie ihm auf keinen Fall ein Etikett wie »schwierig« oder »einfach« – wenn es älter wird, kann dies seine Selbstwahrnehmung stark beeinflussen.

»Mama« oder »Dada«

Sicherlich sind Sie und Ihr Partner sehr gespannt darauf, endlich diese Worte aus dem Mund Ihres Babys zu hören. Verbringt es mehr Zeit mit Mama, werden Sie dieses Wort wahrscheinlich als Erstes erwarten, aber das ist häufig nicht der Fall. Das erste Wort ist meistens »Dada«, denn »d« ist leichter auszusprechen als »m«.

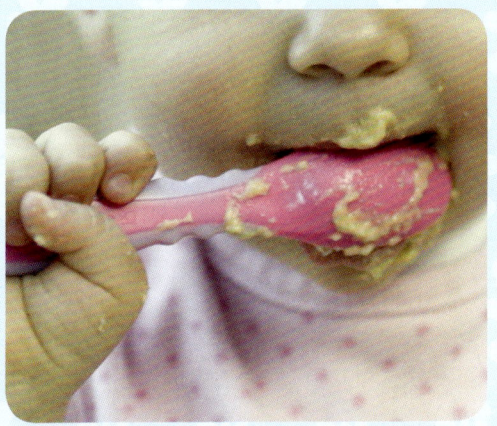

SO WACHSE ICH:

Datum ....

Gewicht ....

Eigene Versuche

Ihr Baby besitzt noch nicht genug Koordination, um vieles allein zu tun, aber sein Wunsch danach wird größer und es möchte einige Dinge selbst probieren. Lassen Sie es den Löffel selbst halten, wenn es das möchte, sodass es versuchen kann, selbstständig zu essen. Nehmen Sie ebenfalls einen Löffel, um ihm zwischen seinen Versuchen wenigstens etwas Essen in den Mund zu schieben. Unterstützen Sie sein Streben nach Selbstständigkeit, aber versichern Sie ihm stets Ihre Liebe und Unterstützung.

Liebe und Zuwendung

Zeigen Sie dem Baby Ihre Zuneigung mit Küssen, Knuddeln und viel Augenkontakt. Dann fühlt es sich sicher und geborgen und wird Ihnen ebenso seine Liebe zeigen. Sie verwöhnen es übrigens nicht, wenn Sie auf sein Weinen sofort reagieren, im Gegenteil. Es entwickelt ein stabiles Selbstwertgefühl, wenn es gehört und verstanden wird. Ein konsequentes, liebevolles Verhalten mit klaren Grenzen gibt ihm Sicherheit, denn es weiß immer, welche Reaktion es von Ihnen zu erwarten hat. Grenzen helfen ihm auch zu lernen, welches Verhalten akzeptabel ist.

74

Monat 10

10. MONAT: *Was Sie beachten sollten*

• Milchfläschchen und Sauger sollten weiterhin sterilisiert werden, Schüsseln und Löffel können Sie mit der Hand oder in der Spülmaschine spülen.

• Möhren und Brotsticks zum Kauen lindern Zahnungsschmerzen.

Gedanken und Gefühle ....

....

....

....

....

....

....

Wünsche ....

....

....

....

....

....

Babypflege

Sehr zurückhaltend

Ihr Baby reagiert schüchtern auf Menschen, die es nicht gut kennt und nur selten sieht, selbst wenn es die Großeltern sind. Das mag Ihnen etwas peinlich sein, aber Sie sollten das Baby nicht zur Kontaktaufnahme drängen. Behalten Sie es auf dem Schoß und erklären Sie Oma und Opa einfach, dass ihr Enkelkind momentan etwas schüchtern ist.

Ohne Windeln

Gönnen Sie Ihrem Kind täglich etwas windelfreie Zeit. Es wird die Bewegungsfreiheit genießen und seine Haut bekommt frische Luft. Der Raum sollte dabei warm genug und frei von Zugluft sein. Legen Sie Handtücher aus, die kleine Malheurs aufsaugen.

Sicherheits-Check

Ihr Baby ist jetzt schon ziemlich mobil und es wird höchste Zeit, mögliche Gefahrenquellen zu beseitigen. Klemmen Sie lose Kabel fest, räumen Sie den Fußboden frei, bringen Sie an scharfen Ecken einen Kantenschutz an und schützen Sie Steckdosen mit

Ich mit 10 Monaten

....

....

....

einer Kindersicherung. Dasselbe gilt für Schranktüren, wenn Sie nicht wollen, dass das Baby alles ausräumt. Bringen Sie alles außer Reichweite, was für Ihr Baby giftig oder gefährlich sein könnte.

Selbstvertrauen stärken

Das Baby möchte alles erkunden, aber viele neue Situationen machen ihm noch Angst. Bleiben Sie bei ihm, um es notfalls zu beruhigen. Erschrickt es vor unbekannten Geräuschen, erklären Sie ihm, woher sie kommen, damit es das nächste Mal nicht mehr von ihnen überrascht wird.

Monat 10

10. MONAT
Einfache Spiele

• Beobachten Sie zusammen die Vögel im Park oder Garten. Zeigen Sie Ihrem Baby auch andere Tiere wie zum Beispiel Eichhörnchen.

• Geben Sie ihm zerknülltes Papier, damit es dessen Beschaffenheit erforschen kann.

Gedanken und Gefühle ....

....

....

....

....

....

....

Wünsche ....

....

....

....

....

....

Zeit für mein Baby

Die Welt der Tiere

Ihr Baby liebt es, etwas über Tiere zu erfahren, egal ob Sie zusammen in Bilderbüchern blättern, Lieder singen, Tiere im Park beobachten oder ob es sogar unter Aufsicht ein Tier streicheln darf. Ganz besonders schön ist ein Ausflug auf einen Bauernhof.

Hand drauf

Setzen Sie das Baby in den Hochstuhl und lassen Sie es Bananen oder gekochte Nudeln zermatschen, fühlen und essen. So lernt es etwas über die Beschaffenheit von Dingen.

Lautes Lachen

Wenn Ihr Baby lacht, zeigt es Ihnen damit, dass es Ihre Gesellschaft genießt. In diesem Alter lacht es wahrscheinlich schon laut und vergnügt. Bringen Sie es zum Kichern, indem Sie es kitzeln, auf seinen Bauch pusten oder seinen Fuß an Ihre Nase halten und über dessen Geruch stöhnen. Es wird diese Aktivitäten mit Sicherheit überaus witzig finden.

Versteckspiel

Ihr Baby spielt noch immer gern Verstecken mit Ihnen und freut sich, wenn Sie dann wieder auftauchen. Belassen Sie es aber bei einfachen Verstecken und beschränken Sie das Spiel auf einen einzigen Raum. Dabei können Sie die ganze Familie einbeziehen. Zum Beispiel versteckt sich der Vater, während Sie und Ihr Baby nach ihm suchen. So lernt das Baby mit Ihnen zusammen, wie das Spiel funktioniert und dass es ein großer Spaß ist. Wenn Sie sich verstecken, machen Sie Geräusche, damit es merkt, wo Sie sind. Sollte es Sie nicht finden, kommen Sie schnell hervor, damit es nicht zu sehr unter Stress gerät.

MEINE SPIELE

Das Baby versteht die Objektpermanenz immer besser. Es weiß, dass etwas weiterhin existiert, auch wenn es nicht sichtbar ist. So hat es zunehmend Spaß an Spielen, bei denen etwas versteckt wird.

....

....

....

....

....

Monat 11

11. MONAT
Meilensteine

• Ihr Baby hat sicher schon genug Kraft und Koordination, um sich zum Stehen hochzuziehen. Bald wird es ihm auch gelingen, sich aus dem Stand hinzusetzen.

• Das Baby schüttelt zum ersten Mal den Kopf, wenn es »nein« meint.

Gedanken und Gefühle ....

....

....

....

....

....

....

Wünsche ....

....

....

....

....

....

Was jetzt passiert

Welche Augenfarbe?

Mit etwa sechs Monaten nehmen die Augen des Babys ihre endgültige Farbe an. Bei manchen Kindern kann das ein längerer Prozess sein, weil sich dunkle Pigmente erst nach und nach in der Iris bilden. So können aus haselnussbraunen schließlich dunkelbraune Augen werden oder in grünen Augen entstehen erst bräunliche Flecken, ehe sie sich komplett braun verfärben.

Stetiges Plappern

Ihr Baby brabbelt jetzt ständig vor sich hin. Wahrscheinlich kann es auch schon eines oder mehrere Wörter sagen. Falls Sie bisher für manche Dinge Babyworte benutzt oder die falsche Aussprache Ihres Babys kopiert haben, sollten Sie das ab sofort unterlassen. Nennen Sie alles bei seinem korrekten Namen, damit das Baby sich nichts Falsches angewöhnt.

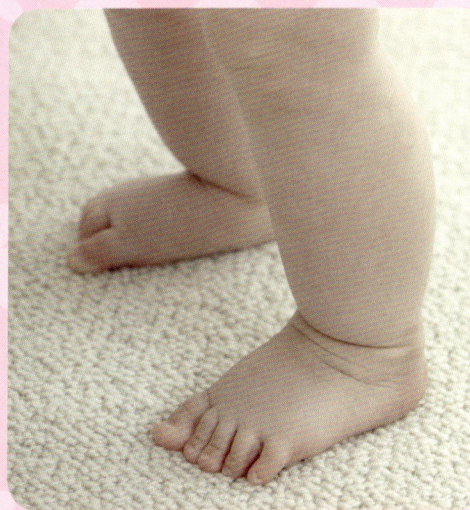

| SO WACHSE ICH: |
| Datum .... |
| Gewicht .... |

Worte und Gesten

Das Baby erweitert ständig sein Repertoire an Gesten. Es zeigt auf Dinge und Personen, um Sie darauf aufmerksam zu machen, es schüttelt den Kopf, vielleicht winkt es sogar schon zurück, wenn Sie ihm zum Abschied zuwinken. Es ist aber auch nicht schlimm, wenn es das noch nicht tut. Manche Babys winken erst mit zwei Jahren zurück.
All diese Aktionen trainieren die Kommunikationsfähigkeit Ihres Babys, sodass es sich immer besser verständlich machen kann. Auch hierbei sind Sie sein Vorbild und sein wichtigster Lehrer. Zeigen Sie deshalb auf alles, was Sie sehen, und übertreiben Sie Gesten ruhig ein wenig, damit es lernt, Worte mit Taten zu verbinden.

Auf den Boden kommen

Ihr Baby schafft es vielleicht schon, sich aus dem Stand hinzusetzen. Sehr elegant sieht das aber wahrscheinlich noch nicht aus: Da es noch nicht herausgefunden hat, wie es die Knie beugen kann, lässt es sich mehr oder weniger steif auf den Boden plumpsen. Trotzdem verliert es jetzt allmählich seine babyhaften Züge und wandelt sich nach und nach zu einem Kleinkind.

Monat 11

11. MONAT: *Was Sie beachten sollten*

• Ihr Baby braucht nun nährstoffreiche Nahrung, mit der es seinen Energiebedarf decken kann.

• Geben Sie dem Baby zuckerhaltige Flüssigkeiten nicht mehr in der Flasche, sondern in der Schnabeltasse, um die Milchzähne zu schützen.

Gedanken und Gefühle ....

....

....

....

....

....

....

Wünsche ....

....

....

....

....

Babypflege

Durchschlafen

Manche Babys schlafen jetzt schon durch, aber viele wachen regelmäßig in den frühen Morgenstunden auf. Versuchen Sie in diesem Fall herauszufinden, wodurch es gestört wird. Schläft es tagsüber zu lange? Dann sollten Sie sein Schläfchen am Nachmittag etwas reduzieren. Wacht es nachts auf und verlangt nach Ihrer Nähe? Dann verbringen Sie tagsüber mehr Zeit miteinander, in der Sie ihm viel Zuwendung schenken, und vermitteln Sie ihm mit einem festen Bettgehritual das Gefühl von Sicherheit. Möchte es in der Nacht etwas essen, obwohl Sie nicht glauben, dass es wirklich hungrig ist, bieten Sie ihm Wasser an. Reden Sie außerdem nachts so wenig wie möglich mit ihm.

Leckere Süßigkeiten

Bringen Sie dem Baby bei, gesunde Nahrung zu genießen, sodass es gute Essgewohnheiten lernt. Bereiten Sie das Essen vor seinen Augen zu, damit es versteht, wie daraus eine Mahlzeit wird, und sprechen Sie mit ihm über Farben und die Beschaffenheit der

Ich mit 11 Monaten

....

....

....

Nahrungsmittel. Geben Sie ihm optisch ansprechendes Fingerfood mit gesunden Dips aus Avocado oder einen Joghurt.

Sicherheit im Garten

Im Freien zu spielen ist gesund, aber der Garten sollte genauso kindersicher sein wie das Haus. Entfernen Sie giftige Pflanzen, bringen Sie Blumentöpfe außer Reichweite und decken Sie den Sandkasten ab, damit er nicht zur Katzentoilette wird. Lassen Sie Ihr Kind trotzdem nie unbeaufsichtigt im Garten, vor allem nicht in der Nähe von Wasser.

Der Tag des
älteren Babys

Das ältere Baby kennt seinen Tagesablauf schon ganz genau. Es weiß, wann es Zeit zum Essen, Baden oder Schlafen ist und in welcher Reihenfolge Dinge getan werden. Ein fester Handlungsablauf ist sein Wegweiser durch den Tag. Er gibt ihm Sicherheit und Geborgenheit.

Mitmachen

Wenn der erste Geburtstag naht, ist der Tagesablauf Ihres Babys schon viel strukturierter. Vielleicht besuchen Sie einmal pro Woche eine Spielgruppe oder Sie treffen sich regelmäßig mit anderen Müttern und deren Babys im Park. Ihr Kind weiß allmählich, was als Nächstes auf es wartet, und kann deshalb aktiver am Alltag teilnehmen, etwa indem es von selbst in den Buggy klettert, wenn es Zeit zum Spazierengehen ist. Dennoch braucht es zwischendurch auch Ruhezeiten. Da es tagsüber nicht mehr so viel schläft, möchte es mehr an Ihren Alltagstätigkeiten teilhaben. So schaut es Ihnen zum Beispiel gern von seinem Hochstuhl aus zu, wenn Sie die Hausarbeit erledigen, oder es »plaudert« in seiner Babysprache mit Ihnen.

Abendliche Rituale

Dem Baby gefällt nicht nur ein klar geregelter Tagesablauf, es mag auch feste Bettgehrituale. Sie signalisieren ihm, dass der Tag mit all seinen Aktivitäten zu Ende ist und dass es nun schlafen muss. Wahrscheinlich hat sich das Abendritual Ihres Babys mit der Zeit etwas verlängert. Es spielt jetzt gern noch eine Weile mit seinen Badespielsachen. Mit seiner größeren Aufmerksamkeitsspanne und seinem immer besseren Sprachverständnis kann es auch längeren Geschichten zuhören.

Durchschlafen

Alle Eltern wünschen sich nichts sehnlicher, als dass ihr Kind bald nachts durchschläft. Doch das ist oft nicht der Fall. Das Baby wacht auf, weil es hungrig oder nass ist oder sich unwohl fühlt – dann müssen Sie sich um seine Bedürfnisse kümmern. Häufig wachen Babys aber auch auf und wollen nur besänftigt werden. Das ist normal, doch wenn es überhandnimmt, könnten Sie es mit einem Schlaftraining versuchen. Jedes Mal, wenn das Baby aufwacht, warten Sie etwas länger, bis Sie zu ihm gehen. Heben Sie es nicht hoch, streicheln Sie es nur und sprechen Sie beruhigend mit ihm. Am wichtigsten ist es, konsequent zu bleiben, denn es kann längere Zeit dauern, bis sich das Baby daran gewöhnt hat.

IDEEN FÜR *Bettgehrituale*

- **Ein ruhiges Spiel:** Das kann ein Spiel mit Stofftieren sein oder ein einfacher Kinderreim, den Sie mit dem Baby sprechen, während es auf Ihrem Schoß sitzt.

- **Geben Sie dem Baby** beim Baden Schwämme, Plastikbecher und Badespielsachen und lassen Sie es damit Spaß haben.

- **Eine Massage** beruhigt das Baby nach dem Baden und Abtrocknen.

- **Eine Milchmahlzeit** als Betthupferl.

- **Sanftes Zähneputzen** ist sehr wichtig.

- **Eine Geschichte** oder ein Schlaflied.

Monat 11

11. MONAT
Einfache Spiele

• Geben Sie etwas Mehl auf ein Tablett und lassen Sie das Baby mit den Fingern Muster darin ziehen.

• Stapeln Sie Bauklötze aufeinander. Es wird sie wahrscheinlich umwerfen, aber so erfährt es, wie Dinge aufgebaut sind.

Gedanken und Gefühle

Wünsche

Zeit für mein Baby

Forscherdrang

Stillen Sie den Entdeckerdrang des Babys mit einem Krabbeltunnel oder ein paar zusammengeklebten Pappkartons. Sie können Spielzeug als »Schatz« hineinlegen oder am anderen Ende des Tunnels »Kuckuck« spielen.

Immer stärker

Ihrem Baby gefallen jetzt Lieder, bei denen es sich körperlich beteiligen und seine Körperbeherrrschung trainieren kann, wie »Zehn kleine Zappelmänner« oder »Zeigt her eure Füße«.

Genau wie du

Ihr Baby hat Spaß daran, Sie nachzuahmen. Es freut sich, wenn es Plastikteller »einräumen« oder Spielzeug nach dem Spielen in einer Box verstauen darf. Wahrscheinlich wird es mehr Zeit damit zubringen, Sachen aus- anstatt einzuräumen, aber es gefällt ihm, Ihr »kleiner Helfer« zu sein.

Umgang mit anderen

Besuchen Sie regelmäßig eine Spielgruppe. Sie bietet Ihrem Kind Unterhaltung und es kommt in Kontakt mit Altersgenossen. Auch vom Umgang mit älteren Kindern profitiert es. Lassen Sie es deshalb öfter einmal mit seinen Cousins und Cousinen oder mit Kindern von Freunden spielen.

Zeit für eine Geschichte

Besuchen Sie mit Ihrem Kind Veranstaltungen in Ihrem Ort, bei denen es zusammen mit anderen Kindern Geschichten und Liedern zuhören kann. Es wird die Älteren zuerst nur beobachten, aber schon bald selbst mitmachen.

MEINE SPIELE

Mit zunehmender Kraft und Koordination wird das Spiel des Babys immer körperbetonter. So hat es jetzt großen Spaß daran, über weiche Hindernisse zu klettern.

....

....

....

....

....

Monat 12

12. MONAT
Meilensteine

• Ihr Baby wird stetig geschickter. Es zeigt mit dem Finger auf interessante Dinge und kann immer besser allein essen.

• Vielleicht macht es schon einige Schritte. Es kann aber auch noch eine Weile dauern, bis es läuft.

Gedanken und Gefühle ....

....

....

....

....

....

....

Wünsche ....

....

....

....

....

....

....

....

Was jetzt passiert

Neue Begriffe

Ihr Baby lernt ständig mehr über seine Welt. Sie
können ihm jetzt die Vorstellung von klein und groß
näherbringen, indem Sie auf Dinge in unterschiedlichen Größen zeigen: kleine und große Teddys oder
verschieden große Bauklötze. Es wird noch ein paar
Monate dauern, bis es das Ganze richtig begreift,
aber indem es Ihnen zuhört und zusieht, nimmt es
neue Ideen allmählich auf.

Wer ist das?

Ihr Baby ist sich seiner selbst noch nicht bewusst,
das wird sich erst im Lauf des kommenden Jahres
ändern. Doch ungefähr seit der Zeit, als es anfing,
die Objektpermanenz zu begreifen – dass Dinge
auch dann existieren, wenn man sie nicht sieht –,
weiß es auch, dass Sie und es zwei getrennte Personen sind. Es gewinnt immer mehr die Kontrolle
über seinen Körper und entwickelt damit auch ein
Bewusstsein seiner selbst. Allerdings erkennt es sich
erst mit etwa 15 Monaten im Spiegel.

SO WACHSE ICH:

Datum ....

Gewicht ....

Probleme lösen

Das Spiel Ihres Babys wird komplexer, weil es
anfängt, Farben, Formen und Größen zu erkennen.
Momentan trainiert es seine Fähigkeiten zur Lösung
von Problemen. Wenn also eine Form nicht in dem
Formensortierer passt, wird es versuchen, sie in
ein anderes Loch zu stecken. Ihrem Baby gefallen
solche Herausforderungen, aber Sie sollten ihm
zu Hilfe kommen, wenn Sie merken, dass es nicht
weiterkommt und kurz davor steht, aufzugeben.
Einfache Puzzles und altersgerechte Spielaktivitäten
liefern ihm jetzt motivierende Erfolgserlebnisse.

Noch mehr Wörter

Mit einem Jahr kennt Ihr Baby schon ein paar Wörter, die es bewusst einsetzt. Wahrscheinlich sind
dies die Namen oder Bezeichnungen für Personen
oder Dinge, die ihm wichtig sind, wie »Dada«,
»Mama« und sein Wort für Flasche. Manche Babys
entwickeln auch erst im zweiten Jahr ein Repertoire
an Wörtern. Doch egal, wie schnell die Sprachentwicklung Ihres Babys voranschreitet: Es versteht
bereits jetzt mehr Wörter, als es im Moment selbst
sprechen kann.

Monat 12

12. MONAT: *Was Sie beachten sollten*

• Mit einem Jahr braucht Ihr Baby täglich noch etwa 14 Stunden Schlaf, davon entfallen 10–12 Stunden auf die Nacht.

• Isst das Baby dasselbe wie der Rest der Familie, sollten Sie seine Portion nicht salzen.

Gedanken und Gefühle ....

....

....

....

....

....

....

Wünsche ....

....

....

....

....

Babypflege

Grenzen setzen

Um den ersten Geburtstag herum erleben Sie vielleicht schon erste Vorboten des anstrengenden Verhaltens, das Ihr Baby in den kommenden Monaten des Öfteren zeigen wird. Sie werden häufiger als sonst »Nein« zu ihm sagen müssen. Um ihm gutes Benehmen beizubringen, ist es aber noch zu früh. Seien Sie stattdessen sein Vorbild, wenn es um Manieren geht. Behandeln Sie andere mit Respekt und das Baby wird es Ihnen nachmachen.

Gemeinsam essen

Mit etwa einem Jahr sollte Ihr Kind an den Familienmahlzeiten teilnehmen – schneiden Sie dazu seine Portion in kleine Stücke. So hat es Gelegenheit, neue Speisen zu probieren, es erlebt Geselligkeit und lernt auch etwas über Tischmanieren.

Erster Haarschnitt

Irgendwann um diese Zeit braucht Ihr Baby vielleicht seinen ersten Haarschnitt. Sie können es an den Friseursalon gewöhnen, indem Sie es einfach mitnehmen, wenn Sie sich das Haar schneiden

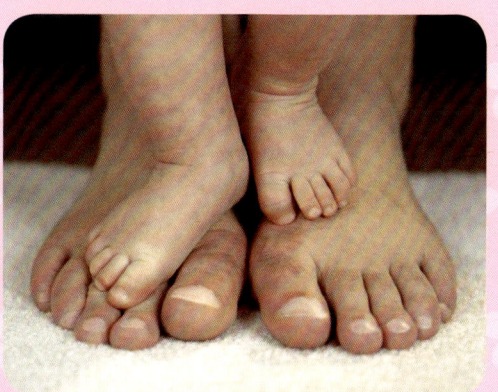

lassen. Wenn Ihr Baby selbst an der Reihe ist, nehmen Sie es auf den Schoß und lenken Sie es mit einem Buch ab. Achten Sie darauf, dass es weder müde noch hungrig ist.

Schlafenszeit

Bleiben Sie weiterhin bei regelmäßigen Bettgehzeiten, vor allem, wenn das Baby zunehmend seinen eigenen Kopf hat und nicht schlafen gehen will. Behalten Sie Ihre vertraute Routine bei – das hilft Ihrem Baby, ruhig zu werden, und schenkt ihm Geborgenheit.

Ich mit 12 Monaten

....

....

....

Mein erster *Geburtstag!*

Der erste Geburtstag Ihres Babys ist ein Grund zum Feiern! In nur einem Jahr ist Ihr Kind von einem hilflosen Neugeborenen zum Kleinkind mit eigener Persönlichkeit herangewachsen. Sie können ein Fest mit anderen Familien und deren Babys feiern oder eine kleine Familienfeier veranstalten, doch berücksichtigen Sie bei der Planung den Tagesrhythmus Ihres Kindes, damit es das große Ereignis nicht verschläft.

Halten Sie die Feier möglichst einfach. Einjährige brauchen noch keinen Alleinunterhalter oder Partyspiele. Ein paar Spielsachen wie Bauklötze, Krabbeltunnels und Seifenblasen sind Unterhaltung genug. Ebenso ist es mit dem Essen: Einfach belegte Brote und Fingerfood wie Käsewürfel oder Gemüsesticks mit einer Sauce zum Dippen reichen. Eine Sache darf jedoch in keinem Fall fehlen: der Geburtstagskuchen!

Ich als Geburtstagskind

Das Beste an meinem Geburtstag war ....

....

....

....

....

....

....

Monat 12

12. MONAT
Einfache Spiele

• Setzen Sie Ihr Baby mit Schaufel und Eimer in den Sandkasten und lassen Sie es Spaß damit haben.

• Wahrscheinlich spielt Ihr Baby gern mit einem Ball. Rollen Sie einen Ball hin und her oder zeigen Sie ihm, wie Bälle hüpfen.

Gedanken und Gefühle ....

....

....

....

....

....

....

Wünsche ....

....

....

....

....

....

Zeit für mein Baby

gemeinsam anzuschauen. Immer wieder dieselbe Geschichte vorlesen zu müssen mag für Sie langweilig sein, aber es ist der beste Weg, um den Wortschatz Ihres Kindes zu erweitern.

Herumplanschen

Stellen Sie bei schönem Wetter im Sommer ein Planschbecken auf und geben Sie Ihrem Baby Badespielsachen, Tassen und andere Behälter zum Füllen und Leeren. Lassen Sie es dabei aber keine Sekunde aus den Augen! Bei regnerischem Wetter können Sie gemeinsam mit Gummistiefeln durch die Pfützen platschen.

Kontraste entdecken

Lassen Sie das Baby verschiedene Materialien befühlen und sprechen Sie mit ihm darüber, ob etwas hart, weich oder rau ist. So beginnt es zu begreifen, dass Dinge nicht nur Namen, sondern auch Eigenschaften haben.

Zeichnen und malen

Vielleicht kann Ihr Baby schon einen klobigen Stift oder eine dicke Wachsmalkreide halten. Malen Sie einfache Formen auf ein großes Stück Papier und fordern Sie Ihr Kind auf, es Ihnen nachzumachen. Erwarten Sie aber kein Kunstwerk. Es soll diese neue aufregende Aktivität lediglich kennenlernen.

Spaß mit Büchern

Bücher sind für Ihr Baby ein toller Zeitvertreib. Bestimmt hat es inzwischen schon ein paar Favoriten, die es sich immer wieder anschaut und von Ihnen vorlesen lässt. Fördern Sie sein Interesse an Büchern, indem Sie immer genug davon zu Hause haben, und nehmen Sie sich jeden Tag Zeit, sie

MEINE SPIELE

Ihr Baby wird immer neugieriger auf seine Umwelt. Es möchte alles untersuchen und findet einen leeren Pappkarton genauso interessant wie eine Kiste voller Spielsachen.

. . . .

. . . .

. . . .

. . . .

. . . .

Liebevolle Erziehung

Der verlässliche Begleiter für Eltern

Die neue
Elternschule

DK

Kinder richtig verstehen
und liebevoll erziehen

Margot Sunderland

Margot Sunderland
Die neue Elternschule
**Kinder richtig verstehen und
liebevoll erziehen**

*288 Seiten, gebunden mit
Schutzumschlag, 242 x 192 mm,
über 270 Farbfotografien & Illustrationen*

€ 19,95 (D) / € 20,60 (A) / sFr. 28,50
ISBN 978-3-8310-1640-2

© 2014 Dorling Kindersley Verlag GmbH, München
Genehmigte Sonderausgabe 2014
Bereich Sondervertrieb
Nr. 2014-SS-052

Originaltitel:
Mein Baby (ISBN 978-3-8310-2541-1)

Gesamtherstellung dieser Sonderausgabe:
bookwise GmbH, München

Druck:
Polygraf Print spol. s r. o., Slowakische Republik

Besuchen Sie uns im Internet
www.dorlingkindersley.de